青春文庫

本当は怖い
59の心理実験

おもしろ心理学会［編］

青春出版社

はじめに　本当にあった！　人間の本性を暴く怖すぎる心理実験

世界は人とのつながりでできている――。

だからこそ人の心理を知っている人と、知らない人で〝差〟が出るのだ。そこで本書は、何気ない行動や選択から見えてくる人のウラ側を解説し、人間関係や恋愛、ビジネスなどで役に立つ心理実験の数々を紹介した。

たとえば、自分の周りに人が多いほど人助けに二の足を踏んだり、好意を抱く相手に高価な贈り物をして逆に不快な思いをさせたりしたことはないだろうか。

あるいは、最近注目を浴びているブラック企業からなぜ抜け出せないのか、身に覚えがある人は多いはずだ。

これらの行動や態度にはどんな心理が潜んでいるのか。本書では、人のホンネがはっきりわかる実験から、再現禁止のあぶない実験まで取り上げ、人間心理のウラ側に鋭く迫った。

あなたも、心理実験をカギに「心の秘密」をのぞいてみませんか？

2017年9月

おもしろ心理学会

本当は怖い59の心理実験◆目次

Chapter 1
本当に怖い心理実験
——素顔を暴く実験から再現禁止の実験まで——

Chapter 3

あなたの「無意識」に働きかけていた――
身の回りの心理がわかる心理実験

Chapter 4 「あの人の気持ちがわからない」がなくなる——恋愛のカラクリを解く心理実験

Chapter 5

集団の秘密を明かす心理実験

集団になるとトタンに変わる人間の本性――……137

カバー・本文イラスト■アカツキウォーカー
本文デザイン・DTP■フジマックオフィス
制作■新井イッセー事務所

Chapter 1

素顔を暴く実験から再現禁止の実験まで——

本当に怖い心理実験

人間の記憶は簡単に上書きできる？

ロフタスの実験

●誘導尋問の恐ろしさ

「ここ、前にデートで来たよね」と彼女に言われて、心当たりはないが「そうだね」とついうなずいてしまった経験はないだろうか。

最初は違うと思っていても、何度も言われると「そういえば来たなあ」という気になる。そんな人間の記憶の不確かさについて次のような実験が行われた。

１００人の学生に自動車事故の映像を観てもらい、その後、内容について質問する。一例として、あるグループには「壊れたヘッドライトを見ましたか？」と問うが、別のグループには「〝その〟壊れたヘッドライトを見ましたか？」と、それが最初から存在するという前提に変えて誘導尋問する。

すると、前者で見たと答えた割合が7パーセントだったのに対し、〝その〟とついた質問をされたほうは、なんと15パーセントに跳ね上がった。

実際にはないものでも、それがあった前提で問われたため、簡単に記憶が書き換えられてしまったのだ。

●記憶はあとから情報が追加される

「人間の記憶は見たものをそのまま留めているのではなく、思い出す時にあとから加わった情報などが加味され再構成される」というのが、この実験の発案者で記憶研究の第一人者であるロフタスの主張だ。

たとえば１９７３年、アメリカである男性警官の射殺事件の法廷があり、17人もの人が目撃者として証言したが、最後の最後にこの容疑者の男性は現場にすらいなかったことが証明され、話題になったことがある。

だが、この17人は最初から虚偽の証言をしていたわけではない。誘導尋問を含む調査が繰り返されたことで、どんどん記憶が塗り替えられてしまい、自分でも「その場面を見た」と思い込むようになってしまったのだ。

過去の冤罪《えんざい》事件の中には、このような虚偽の証言で無実の人が罪に問われたケースは少なくない。人間の記憶の危うさが招く悲劇といえるだろう。

「終わりよければすべてよし」は実験結果に出ている？

カーネマンらの実験

●苦痛の大きいほうを選んでしまうのはなぜか

途中まではすごく面白い内容の映画だったのに、エンディングが陳腐《ちんぷ》でがっかりしたという経験はないだろうか。

その反対に、途中までは飽きてしまうような内容の映画でも、感動的なエンディングで締めくくられていつまでも心に残っているということもあるだろう。

「終わりよければすべてよし」というが、人は最後にどんな印象を持ったかで全体のよし悪しを判断する傾向がある。

カーネマンらはこの傾向について「冷水実験」を行った。

参加者には摂氏14度の水槽の中に2回、片手を浸してもらった。摂氏14度という水温はなんとか我慢はできるものの、かなり冷たく苦痛を伴う温度である。

そこで、2回のうち1回は60秒間片手を浸し、60秒を過ぎると水槽から手を出すように指示されて温かいタオルが渡される。

もう1回は90秒間片手を浸すのだが、60秒経ったところで温かい水が水槽に流し込まれる。そのため、残りの30秒間はいくらか温かくなった水の中に手を浸せるので、参加者ははじめの60秒よりは苦痛を和らげることができる。

参加者にはこの60秒パターンと90秒パターンをどちらも経験してもらったあとで、「もう一度冷水に片手を浸してもらいたい。どちらか一方のパターンを繰り返すことになるが、どっちにするかは各自で選んでほしい」と問いかけた。

すると、90秒パターンのほうが苦痛は和らいだと報告した参加者の80パーセントは、再び90秒のパターンを繰り返すことを選択したのである。

実際には30秒も余計に苦痛を味わうことになるのに、なぜか60秒よりも90秒のほうがマシだと思い込んでいるのだ。

●ピーク・エンドの法則で人生を変える方法

これは「ピーク・エンドの法則」といわれるもので、記憶に基づく評価はピーク時と終了時の苦痛の平均でほとんど決まるとされる。ちなみに、持続時間はほとんど影響を及ぼさないという。

この実験でいえば、最初の60秒間の苦痛のレベルはどちらも同じだ。しかし、60秒パターンでは苦痛を受けている時に実験が終了してしまう。

一方、90秒パターンでは終了時に少しだけ苦痛が和らいでいる。そのためピーク時と終了時の苦痛の平均では、90秒パターンのほうが苦痛の評価は低くなるというわけだ。90秒パターンを選んだ参加者は、このピーク・エンドの法則に支配されて苦痛が長引くほうをあえて選択してしまったのである。

日常生活の中でも、人は無意識にピーク・エンドの法則に支配されていることがよくある。たとえば、いじわるな先輩にしごかれ、厳しい練習続きで「もう嫌だ！」と何度もやめたいと思っていた学生時代の部活動でも、最後の大会で優勝して感動を味わえば充実した青春の思い出として記憶に残るだろう。

つまり、仕事でも対人関係でも最後はビシッと決めることが人生をいい方向に導く秘訣だといえる。

ちょっとしたことで険悪な雰囲気になってしまったデートでも、別れ際にテレビドラマさながらの熱い言葉で締めくくれば、その日1日が素敵なデートの思い出として記憶に刻まれるはずである。

「ブラックから抜け出せない」のはなぜ？

フェスティンガーとカールスミスの実験

●ブラック企業でもポジティブに働けるのはなぜか

ブラック企業やブラックバイトなど、労働者を取り巻く環境には時に苛酷なものがある。そこで疲弊し、リタイアを余儀なくされる人もいるわけだが、なかにはどんな状況であってもポジティブに働き続けられる人がいる。

もちろん個人の性格や力量などもあるが、大きな影響を与えているのが人間特有の心理だ。

納得できないことをやらなければならない状況に置かれると、人間は自分の中に大きな矛盾を抱えることになる。

「やるべきではない」とか「やりたくない」と思う行動は、不快でストレスの原因になる。このような状態を心理学では「認知的不協和」と呼ぶ。

人間の体は不思議なもので、このストレスを解消するために自分の意識そのものを変えてしまうという機能が備わっている。不快な行動をとらなければならない時に、「不快」という認知を「快」に変えてしまうのである。

これを証明したのが、心理学者のフェスティンガーとカールスミスだ。

●低い報酬が「不快」の認知を強制的に「快」に変える

彼らが行った「1ドルの報酬実験」と呼ばれる実験は、学生たちに12個の糸巻きを容器に並べては取り出すという作業を30分間繰り返したのち、留め金のついたボードを回しては元に戻すという単純作業を30分間繰り返してもらうというものだ。

当然のことながら作業後の学生たちは口をそろえて「つまらなかった」と言っている。

そこで学生たちを2つに分け、一方には20ドル、もう一方には1ドルの報酬を与え、次の作業者に「面白かった」と伝えてもらうように依頼した。

そして、改めて感想を聞いたところ、20ドルの報酬を与えられたグループは変わらず「つまらなかった」と答えたのに対して、報酬1ドルのグループの学生は「意外と面白い作業だった」と答えたのだ。

20ドルの報酬を与えられた学生は、高額の報酬をもらえたことで、つまらない作業に従事したことを納得して認知的不協和を正当化できたことになる。それで素直に感じたままを言葉にしたのである。

しかし、たった1ドルの報酬では、矛盾した行動を自分の中で正当化するには無理がある。そこで、「つまらない作業」という認知を変えて「意外と面白い作業だった」とすることで、「報酬は少なかったが、面白かったからいい」として自分の中の不協和を無理矢理解消したのである。

●「やりがい」だけで判断してはいけない

低賃金で条件がいいとはいえない仕事であるほど「やりがい」がフォーカスされるのは、「悪条件でもやりがいがあるから価値がある」と思いたい心理が働いているからだ。

この状況が行き過ぎると、労働者を食い物にするブラック企業の思うつぼにはまってしまう。認知的不協和の解消というのは、自己防衛のために備わっている機能なのだが、時にこれが諸刃の剣になるということだ。

自分を守るためには、置かれた状況を客観的に判断することが必要なのである。

「続ける」だけで恐怖感をうえつける方法がある?

ワトソンとレイナの実験

●無条件反射と条件反射

犬でもトラでも人間でも、火の上を歩こうとすれば熱くて足を引っ込める。これは「無条件反射」と呼ばれる現象だ。

一方「条件反射」もあり、こちらを説明するのには有名な「パブロフの犬」の実験が手っ取り早い。

20世紀初頭にロシアの心理学者パブロフが行った実験で、犬にエサを与える時に必ずベルを鳴らす習慣を続けたところ、犬はエサがなくてもベルが鳴っただけでよだれを垂らすようになったというものだ。

では、人間にもこのパブロフの犬と同じような条件反射が起こるのだろうか。

●批判を浴びたアルバート坊やの実験

彼らは、生まれたばかりの赤ん坊のアルバートにネズミやウサギ、犬などの動物を見せる実験をした。この時点ではまだアルバートは恐れることなく平然としている。しかし、アルバートがネズミに触れようとした時に後ろで大きな音を出すようにした。これを何度か続けるうちに、アルバートはネズミを見ただけで泣き出すようになったのだ。

人間にもパブロフの犬と同じ条件反射は起こる。この実験はそれを証明してみせたが、生まれたばかりの赤ちゃんを被験者にし、しかも恐怖感を条件づけにしたということで多くの批判を浴びている。

ところで、こうした条件反射は身近にも存在する。

たとえば、梅干しを見たら唾が出るのは多くの日本人に当てはまるし、病院が苦手な人が白衣を見ただけで気分が悪くなる……といったネガティブな条件反射も多く存在する。逆に、好きな人と観た映画の主題歌がラジオから流れただけで気分が前向きになる……というようなパターンもあるだろう。

自らをうまく条件づけすれば、日々の生活や仕事へのモチベーションアップにも応用できるかもしれない。

再現禁止の「監獄実験」が本当に怖い理由とは?

ジンバルドーの実験

●人は環境に染まりやすい

箱に入ったミカンの中に1つでも腐ったミカンが入ると、まわりのミカンも全部腐ってしまう――。

かつて、この腐ったミカンを不良にたとえ、人気を博した学園ドラマもあったが、たしかにそれまで優等生だった少年が素行の悪い不良グループとつるむようになると、同じようにワルくなってしまうというのはよくある話だ。

一方で、ごく控えめだった人が、職場である程度の地位を与えられたとたんにリーダーシップを発揮するようになったというパターンも珍しくない。

つまり、人は環境が変われば意外と簡単に染まる生き物といえるわけだが、この心理の変化に関して過去に行われたある実験が波紋を広げたことがある。それがアメリカの心理学者ジンバルドーが行った「スタンフォード監獄実験」だ。

●囚人役を虐待し始めた看守役

１９７１年、ジンバルドーはスタンフォード大学の地下実験室を改造して実際とそっくりな疑似刑務所を作り、新聞広告で集めた男子大学生など被験者21人をそこへ送り込んだ。

彼らはくじ引きによって、11人の看守役と10人の受刑者役に分けられた。そして、それぞれに実際の刑務所と同じ役割を演じさせることで、彼らの行動がどう変わるかを観察することにしたのである。

実験期間は2週間の予定で、看守役は1日8時間の3交代制、囚人役には1日15ドルの対価を支払い、本物の犯罪者のように拘束する。

そして、よりリアリティを高めるために、実験は地元警察の協力をあおいでパトカーで囚人役の学生を逮捕するところからスタートした。取り調べを行い、指紋をとるなどして、ただの大学生だった10人は犯していない罪で監獄に入れられた。

はぎとられた衣服の代わりに囚人服を渡され、頭からはシラミ駆除剤を散布、足には鉄の鎖をつけられた。名前ではなく番号で呼ばれ、トイレ以外は何ひとつ自由に行動することができない。

一方、看守役も制服に身を包み、警笛や警棒、独房のカギなどをぶら下げ、囚人たちをサングラス越しに見張るという役割を演じた。

するとわずか1日で看守役はより看守らしく強権的にふるまい、囚人役はより囚人らしく、人間の尊厳を奪われたかのような行動を自ら取り始めたのだ。

しかも、看守役はしだいにエスカレートし、囚人に手を出してはいけないというルールをあっさり破り虐待を始めた。

理不尽に命令し、食事を与えず、反抗した者には厳しい体罰を行う。囚人役の中にはあまりの辛さに心的外傷を患い、離脱を希望する者が現れるほどだった。

あまりの過酷な事態に実験は6日目にして中止された。ところが、すっかり理性がとんでしまった看守役側からは、実験の続行を希望する声が多かったというから驚く。実験の効果は、ジンバルドーの想像をはるかに超えてしまったのだ。

想像以上の結果が証明されたものの、この実験は世間から猛バッシングを受けた。もちろん「やりすぎだ」という非難の声である。

だが、注目すべきは看守役にも囚人役にも、事前にどのようにふるまうかのレクチャーがいっさい行われていなかったことだ。

つまり、看守役も囚人役も、基本的には自発的にその役割を演じ、それにふさわしいように行動したのだ。

●「状況」が人をつくる

何ともひどい話だが、少なからず私たちの身の回りにも似たようなケースはある。社会人はスーツを着ればより社会人らしくふるまおうとするし、ガソリンスタンドの仕事ならユニフォームを着ただけで「いらっしゃいませ！」と自然と大きな声が出るものだ。

のちにジンバルドーは、この〝悪の実験〟を詳細に振り返った本を出版した。その中で腐ったリンゴが周囲を腐らせるのではなく、それを入れる箱、すなわち「状況」が事態を悪化させるのだと説いている。

裏を返せば、なんの悪意のない善良な人でも、ひとたび悪の世界に飛び込んで彼らの服装やふるまいを真似てその場の雰囲気に呑まれてしまえば、簡単に犯罪者になってしまう可能性があるということなのだ。

腐るか腐らないかは箱しだい。ミカンやリンゴと違って人には意志があるが、それも自分たちが思っている以上に脆く弱いということなのだろう。

人間は命令されるとどこまで残酷になる？

ミルグラムの実験

●世紀の大悪人は平凡な人間だった

本当は自分としてはやりたくないけど、上司の命令だからと不本意ながら承知してしまう……。社会人なら誰もがそんな状況を経験しているかもしれない。

しかし、人はどこまで自分より立場が上の人や権威ある人物に従ってしまうのだろうか。

第２次世界大戦中のドイツに、ナチスの親衛隊だったアイヒマンという男がいた。彼はヒトラーが計画したユダヤ人根絶政策の最高責任者のひとりで、ヨーロッパ各地から絶滅収容所に「５００万人を移送した」などと自慢していたという。

ドイツが敗れると逃亡生活を送っていたが、15年後にイスラエル諜報特務局に拘束され裁判にかけられる。

その裁判で関係者を驚かせたのが、アイヒマンの人格だった。何百万人ものユダヤ人殺害に責任者としてかかわった張本人でありながら、アイヒマンはどこにでもいるような平凡な男で、裁判ではヒトラーの命令に従っただけだと淡々と無罪を主張した。

つまり、ヒトラーへの服従の精神だけで大量殺戮に手を染めてしまったというのだ。その後、このアイヒマンの服従の心理は学者の間で研究対象となった。

●命令されれば人はどこまで従うのか

そのひとつがミルグラムの実験だ。ミルグラムは実験の協力者に「生徒役」と「教師役」という役割を与え、疑似的な権威であっても人は服従するのかどうかを調査したのだ。

「アイヒマン実験」ともいわれるこのミルグラムの実験には、20歳～50歳までのさまざまな職業のアメリカ人男性が集められた。そして彼らを2人1組に分けて、それぞれに教師役と生徒役の役割を与えた。

実験が始まると、生徒役になった男性は椅子に縛りつけられて、さらにテーブルの上にあるショックプレートに手を乗せるよう言い渡される。

そして、この生徒役に対して教師役は単語のテストを出し、答えを間違えるとショックプレートに電流を流すよう命令者から指示される。いわば、罰を与えるように強要されるのだ。

しかも、間違いが積み重なるごとに電気ショックの強さを上げていくように指示される。

不正解が重なっていくと、教師役は電流を上げてショックを与えることをためらい始める。しかし、ためらっていると命令者から「迷うことはない、続けなければならない」と命じられる。

そして、教師役が命令を拒み、生徒役に電気ショックを与えるのをやめたところで実験は終了するのだ。

●顔が見えない相手には残酷になる

この実験で生徒役となっているほうは、じつは仕込まれたサクラで、実際にはショックプレートに電流は流れていない。電気ショックを受けて苦しむ演技をしているだけだ。

だが、命令に従わなくてはならない教師役には、実際に電気が流れていることを信じ込ませるために、実験を始める前に45ボルトの電気ショックを体験させておいたのだ。

そして、実験は次のようなバリエーションのもとで行われた。

① 生徒役と教師役を隣室同士になるように座らせ、生徒役は電流の強さが３００ボルトになると壁をたたき、３１５ボルト以上になると音を発しなくなる。

② 生徒役と教師役を隣室同士になるように座らせ、生徒役は電流の強さが３００ボルトになるとわずかに聞こえる程度の大きさで抗議の声を上げ、３１５ボルト以上になると声を発しなくなる。

③ 生徒役と教師役を同室にして、約45センチメートルの距離をとって座らせ、そのほかの条件は②と同じ。

④ 生徒役と教師役の距離は③と同じ条件だが、生徒役は１５０ボルトの電流が流れるとショックプレートから手を離し、実験の中止を求める。だが、教師役は命令者から生徒役の手をつかんでプレートに戻して実験を続けるように命じられる。

これらの実験の結果、①の条件では命令に従わなかった教師役は34パーセントだったが、教師役と生徒役との距離が近く、手に触れるなどの接触がある③や④ではそれぞれ60パーセントと70パーセントが命令を拒否した。

つまり、相手の姿が見えなければ、電気ショックを与えることへのためらいが薄れていく。皮膚感覚がなければ、どんなに異常な命令であっても服従してしまう可能性があることがわかったのだ。

前述のアイヒマンは裁判で、ユダヤ人輸送プロジェクトの責任者として仕事をしたまでだと主張したが、そのプロジェクトの異常さは理解していたようで、敗戦が濃厚になってくると写真に撮られることを極度に嫌がったという。

しかし、それでも命令に服従して自らの行動を正当化してしまう……。自分で考えることを放棄すれば、誰もが残虐な加害者になってしまう可能性があるということなのだ。

武器が〝そこ〟にあると人間はどこまで変わるのか？

バーコウィッツとルペイジの実験

●銃が置いてあるだけで……

銃社会のアメリカで何度も取りざたされるのが、銃規制の問題だ。

だが、銃を禁じるという案に対して「そんなことをして、もしも襲われたらどうやって自分の身を守るの？」「誰が責任をとってくれるの？」という反応が多数聞こえてくる時点で、同国ではやはり難しいのだろうと思わざるを得ない。

ところで、そんなアメリカで行われたのが「武器を見ると人は攻撃的になるのか」という実験だ。

実験はまず男子学生を2人1組にして、相手を怒らせるという条件のもとでお互いに電気ショックを与え合う。ただし、1人は実験サイドが仕込んだサクラで、おもに相手の報復反応を見るというものである。

1つ目は、サクラが被験者に1回電気ショックを行った場合と、7回行った場合で比較する。2つ目は、電気ショックの機械の前に何も置かないのと、銃を置いておくパターンの両方で比較する。

結果は、どちらも後者のほうが相手に電気ショックを与える強さが大きくなった。つまり、相手に多く攻撃されたり、銃が見えているほうがより攻撃的になったのである。

●口げんかが悲惨な事件になる心理とは

たとえば、新聞の三面記事などに「夫婦げんかの末にカッとなって包丁を持ち出し、相手を刺してしまった」といった事件がたまに載っていることがあるが、同じような理屈だ。

最初のうちは些細な口げんかが、そのうちにヒートアップして頭に血が上ったところにたまたま包丁が置いてあり、つい手に取ってしまう。

武器を見ると人は攻撃的になるのであれば、少なくともこの場合は武器になるようなモノさえなければ殺傷事件にまでは発展しなかった可能性もある。

ニュートラルなニュースは絶対に存在しない？

ヴァローンらの実験

●報道を見る側の公平性とは

世の中の動きを知るのに欠かせないのが新聞やテレビなどのメディアだが、そこに求められるのはやはり公平性である。

だが、仮に報道メディアが公平を保ったとして、では受け手の捉え方はどうなのだろうか。

世間で起こる出来事をできるだけフラットに見たいと思っていても、それまでに培ってきた経験や知識などによって生まれた固定観念が邪魔をしたりはしないだろうか。

これに関してアメリカでは、スタンフォード大学の学生にある事件についてさまざまなメディアが報道したニュース映像を見せ、その感じ方を述べてもらうという実験が行われた。

●固定観念が情報を歪める

その事件とは1982年に中東で起こった虐殺事件で、舞台こそ中東のレバノンだが、背景にはアラブとイスラエルの根深い対立問題があった。

集められた学生の考え方や政治的な思想はバラバラで、その内訳はイスラエルの擁護派が68人、アラブ擁護派27人、そして中立派が49人だった。

まず、映像を観たあとで感想を聞くと、アラブ擁護派もイスラエル擁護派もメディアへの反発を感じていた。

具体的には、アラブ擁護派の学生は報道の42パーセントがイスラエルに擁護的で、26パーセントはアラブに不利だとした。

一方、イスラエルの擁護派は報道の16パーセントがイスラエルに擁護的で、57パーセントはイスラエルに不利だと感じたという。

平たくいえば、どちらも自分の支持する主張には沿わない内容だと感じたというのだ。

また、アラブ擁護派はこの映像によって中立派の32パーセントがイスラエルに否定的になると予想したのに対し、イスラエル擁護派は中立派の68パーセントがイスラエルに否定的になると予想した。

ようするに、政治的偏見や事件に対する固定観念をすでに持っている人は、どんなに中立的な報道があったとしても偏っているように認知してしまうということなのだ。

この一連の実験を行ったのは心理学者のヴァローンたちであるが、一般的には「敵対的メディア認知」という心理的効果として知られている。

歪んだ視点で世界を見れば、そこには自分の気に入る情報しか入ってこない。自身の取捨選択がベースとなるインターネットが中心の情報化社会において、これこそが最も怖いことなのかもしれない。

人は「選択理由をもっていない」を証明した実験とは？

ヨハンセンらの実験

●好みではないはずなのに、好みの理由を探す

人は何かを選ぶ時に理由があって選んでいると思い込んでいるが、じつはそうではなく、選択をしたあとに理由を探すことで自身の選択を正当化することがある。この心理的錯覚は「チョイスブラインドネス」と呼ばれている。

たとえば、ダメ男に引っかかるような女性などは特にこの傾向が強く、どんなにひどいことをされても「私が選んだのだから」とこだわっては固執する。

手に入れた男が思っていた理想の男性像と違っていても、「お金にはだらしないけど優しい」とか「記念日は必ず祝ってくれる」などと数少ない長所を好み、自分の選択が間違っていることにすら気づかなかったりするのだ。

では、どんな人がこういうパターンに陥るのだろうか。

●詐欺師が狙う心のスキにご注意

そこで心理学者のヨハンセンらは、被験者に2人の女性のモノクロの写真を見せ、どちらがより好ましいかを指で差し示して選んでもらうという実験を行った。

次にいったん写真を裏返し、選んだ写真を手に取ってもらい「なぜ、その人を選んだのですか？」と問いかけてみる。

しかしこの時、実験をする側は写真をすり替えるというトリックを行う。つまり、被験者の手に取らせる写真は、その人が選ばなかった（好まないほうの）人物の写真なのだ。

それでも被験者の6割は、すり替えられたことに気づかず、「あなたが選んだのはこの人ですよね？」という問いかけにも疑問を持たない。

そして「目がステキ」「笑顔がかわいい」「髪型が好み」など、もっともらしい理由を探して好ましい理由を述べたのである。

この6割が必ずしもダメ男やダメ女に引っかかるとは限らないが、人間には誰しも選択理由がわからぬまま何かを選んでしまう心理が潜んでいる。詐欺や悪徳商法で騙されるのは、残念ながらこういう心のスキを巧みに利用されてしまう人なのだ。

Chapter 2

知っているようでじつは知らない――

自分に気づく心理実験

あなたの意思決定は簡単に操作されている?

カーネマンとトベルスキーの実験

●選択を左右するフレーミング効果

「フレーミング効果」とは、同じ選択肢を提示されても質問のしかたなどによって意思決定が異なってくることをいう。

この効果についてカーネマンとトベルスキーの有名な実験をみてみよう。

まず、彼らは参加者に「アメリカでアジア病という伝染病が大流行すると想像してください」と言った。

そして「そのまま放置すると予想される死者数は600人にものぼる。対策としては2つのプログラムが提示されている。次のどちらを選ぶか」と問いかけた。

・プログラムAを採用した場合、200人が助かる

・プログラムBを採用した場合、３分の１の確率で６００人が助かるが、３分の２の確率で誰ひとり助からない

この時、参加者の多くはプログラムAを選んだ。賭けに失敗して誰ひとり助からないケースを招くより、２００人でも確実に助かるほうがいいと考えたわけだ。

しかし選択肢を次のようにした場合、結果は正反対になったのである。

・プログラムAを採用した場合、４００人が死ぬ
・プログラムBを採用した場合、３分の１の確率で誰ひとり死なないが、３分の２の確率で６００人が死ぬ

この設問ではほとんどの人がBを選び、３分の１の確率で誰も死なないという賭けに出ることにしたのだ。

しかし、それぞれの選択肢をよく見比べてほしい。じつはどちらの選択肢も内容は同じなのがわかるだろう。

違いは何かといえば、前者ではプログラムAについて「２００人が助かる」と生

存する可能性を強調した言い方をしている点だ。

一方、後者ではプログラムAについて「400人が死ぬ」と、死亡する可能性について強調しているのである。

●ネガティブな情報はつい避けがちに

この実験結果からもわかるように、人は同じ選択問題が用意されているにもかかわらず、少し表現を変えられただけで異なる選択をしてしまうことがあるのだ。

特に、選択肢の中のポジティブな面に反応するか、ネガティブな面に反応するかで意思決定は異なってくる。

たとえば、ほとんどの人は死ぬのは恐ろしいことで、生きているのは素晴らしいことだと無意識に思っている。そのため、この実験の場合では「死」というネガティブな面が強調されている選択肢を避けてしまったと考えられる。

日頃から表現の違いに惑わされないように注意していないと、ふだんの生活の中でも重大な選択ミスをしかねない。

ちなみに、投資の話にしても「80パーセントの確率で儲かります」と言われたら話にのってしまう人は多いだろうが、一方で「20パーセントの確率で損をします」

と言われたら、損はしたくないと躊躇するのではないだろうか。

もうおわかりだと思うが、どちらの投資話も損得のリスクは同じである。「儲かる」という表現に惑わされて、損をするリスクもそれなりにあることを見落とすと手痛い目に遭うこともあるわけだ。

●暗黙のパーソナリティ理論

同じように、たったひとつ情報を変えただけで簡単に他人の印象が変わってしまうこともある。

社会心理学者のケリーがこんな実験を行っている。まだ一度も講義を受けたことのない講師の紹介文を学生に見せて、そのあとにこの講師の授業を受けさせる。そして、学生にこの講師の印象について聞いてみたのだ。

講師の紹介文は2種類あり、学生の半分には「○○講師を知る人は、彼のことを温かく、勤勉で、判断力に優れ、実際的で、決断力があるといっています」と書いてある紹介文を見せた。

残りの半分には「彼のことを温かく」の部分を「彼のことを冷たく」と変えた紹介文を見せて、全員で一緒に講義を受けた。

その結果、「温かく」と書いてあった紹介文を見た学生は、講師に対して好意的な印象を持ち、反対に「冷たく」という紹介文を読んだ学生は否定的な目で講師を見ていたのだった。

これは人の性格について我々が「暗黙のパーソナリティ理論」と呼ばれる理論を持っているからだ。

たとえば、痩せている人は神経質そう、太っている人はおおらかなど、自動的に見た目と性格に関連するイメージを持っているのではないだろうか。

さらには「お金持ちの子供＝鼻もちならない」というイメージもあるかもしれない。

誰しも人格に対して漠然と抱いているイメージがあり、最初からこのような色眼鏡をかけた状態で人を見ているために、実際には違っていてもそのイメージに近い人格に見えてしまうというわけだ。

だから、ケリーの実験でも「温かく」から「冷たく」にたったひとつ言葉を変えただけで、学生らが講師に持つ印象はまったく正反対になってしまったのである。

何ごとも相手から提示された言葉の印象に惑わされず、情報をよく分析して客観的に決定するように心がけたいものだ。

「事前情報」が人に与える驚くべき結果とは？

ティッパーの実験

●「黄色いもの」といったら「バナナ」と答える理由

たとえば、仲間で飲みに行く話で盛り上がっている時に、「○ール」の○部分に入る文字は？　といった穴埋め問題を出されたら、「ビール」と答える人が圧倒的に多いだろう。

ほかにも「ルール」や「ゴール」など正解はたくさんあるのに、ビールという言葉が出てくるのは、もちろんその前の話題の刺激に引きずられたからだ。このような現象を心理学では「プライミング効果」と呼ばれている。

連想ゲームはその最たるもので、たとえばお題が「黄色いもの」で、その答えが「バナナ」となるのは、事前に与えられた情報（黄色）が連想する言葉（バナナ）に影響を与えているからだといえる。

イギリスの心理学者ティッパーがこのことを実験で検証している。

●口コミにも同様の効果あり

彼は2つの線画が重ね合わさっている絵をいくつか用意した。線画のひとつは赤色、もうひとつは緑色で描かれている。

被験者には緑色の線画は無視し、赤色の線画で描かれているのは何かをできるだけ早く答えるよう指示した。

ただし、組み合わせは次のパターンである。

① 前画面の赤い線画と、次画面の赤い線画が同じ（たとえば、ネコとネコ）
② 前画面の赤い線画と、次画面の赤い線画は意味に関連がある（ネコとイヌ）
③ 前画面と次画面は無関係（ネコとえんぴつ）
④ 前画面の緑の線画と、次画面の赤い線画は意味に関連がある
⑤ 前画面の緑の線画と、次画面の赤い線画が同一

結果は、次画面の線画の内容を答えるのにかかった時間は①が最も早く、順に②

③④⑤と遅くなった。

これで何がわかるかというと、人は最初に注意を向けたものに関しては優先的かつ素直に反応するが、前の画面で無視したものに対してはそれを妨害する心理が働くため反応が遅れるということである。

たとえば「駅前に新しくできた店が美味しい」と聞けば、実際に食べた時にもなんとなく美味しいと感じたりすることがある。

つまり、口コミは立派なプライミング効果というわけだが、もちろんそれを逆手にとって宣伝することも悪評を流すこともできる。

このような心理効果を利用すれば、人を操ることなど意外と簡単なのだ。

「思い込み」でどこまで人が変わる？

セリグマンらの実験

●自分が無力だと学習するとどうなるか

仕事でも勉強でも「自分はできる」という自信があれば、前向きに取り組めるものである。その反対に「自分はいつも失敗するからどうせできない」と思っていると、チャレンジすればできることにもやる気が起きてこない。

このように自分の行動が無力だと感じてやる気が起きなくなる心理を「学習性無力感」という。この学習性無力感に陥るプロセスは、アメリカの心理学者セリグマンらが犬を使って行った実験から知ることができる。

実験では犬に電気ショックを与えるのだが、1匹の犬には電気ショックが回避できる状況を与え、もう1匹の犬には何をやっても電気ショックを回避できない状況を用意した。

その後、どちらの犬も電気ショックを回避できる状況にして観察すると、最初に電気ショックを回避できることを学習した犬は、自発的に電気ショックを回避しようと行動した。

一方、最初に何をやっても電気ショックを回避できなった犬は、何も行動しないまま諦めて電気ショックを受け続けたという。自分の行動が無力だと学習してしまったために、やってみればできることにも「どうせ無理だ」と無気力な状態になってしまったわけである。

●「どうせ無理だ」にとらわれると……

これは人間でも同じことがいえる。理解できない難しい問題を繰り返し強要されると「自分には解けない」と学習して、学習性無力感に陥ってしまうのだ。こうなると、簡単な問題を与えられた時にも解く気が起きなくなってしまう。

一度、学習性無力感に陥ると抜け出すのは困難で、何ごとに対してもやる気が起きなくなってくる。

自分から積極的に行動する気がなくなり、成功体験からもよけいに遠のくことになる。そのため、自分は何をやってもダメだとさらに無気力になるという負のスパイラルに陥るのである。

●自己効力感を高めるとやる気がアップ

では、学習性無力感に陥らないようにするにはどうしたらいいか。それには「自己効力感」を高めることだ。

自己効力感とはカナダの心理学者バンデューラによって提唱されたもので、「自分ならうまくできる」という確信のことだ。

この自己効力感が高いと自分を信頼して「きっとできる」と思って行動するので、何ごとに対しても積極的になれる。そうすると成功体験が増え、さらにやる気が高まるという正のスパイラルが生まれることになる。

この自己効力感を高めるためには、コツコツと成功体験を積んでいくといい。勉強でいえば、自分が確実に解けるレベルまで戻って復習を繰り返していくのもいいだろう。簡単な問題から少しずつレベルを上げて解いていくうちに「頑張って勉強すれば必ずできる」と思えるようになってくる。

毎日「自分はできる」と言葉に出して自分に言い聞かせるのもいい。根拠がなくてもいいから「自分はすごい!」と思い込むことでやる気は出てくるものなのだ。

「やってはいけない」のあとに許可されると……？

ウェグナーらの実験

●シロクマのことを考えてはいけないと言われると……

テストの前日に限って勉強以外のどうでもいいことばかりを考えてしまうという経験はないだろうか。

ダイエットをしている時ほど食べ物のことが頭に浮かび、かえってたくさん食べてしまったことでダイエットにあえなく失敗したという人もいるだろう。

人は自分を律しようとして「そのことを考えてはいけない」と思い、思考を抑圧すればするほど、そのことばかりを考えてしまう傾向があるのだ。

この心理的メカニズムについてアメリカの心理学者であるウェグナーらは通称「シロクマ実験」と呼ばれる実験を行っている。

この実験では被験者を3つのグループに分け、各グループにシロクマの1日を追った映像を見せた。

その後、ひとつのグループには「シロクマのことを覚えておくように」と指示し、もうひとつのグループには「シロクマのことを考えても考えなくてもいい」と伝えた。最後のグループには「シロクマのことを絶対に考えないように」と禁止した。

それから期間を置いてそれぞれのグループにシロクマの映像について質問したところ、シロクマのことを絶対に考えないようにと禁止されていたグループが、最もシロクマの映像について覚えていたという。

●解禁すると大きなリバウンドが！

シロクマ実験のように人は禁止されたり思考を抑圧したりすると、禁止のあとのリバウンドが大きくなる。禁煙や禁酒をして考えないようにしようとすれば、ますますタバコや酒のことばかりを考えてしまうのだ。

少しくらいはいいかなと解禁すると、禁煙や禁酒をする前よりもヘビースモーカーになったり大酒飲みになったりすることもある。

何ごともリバウンドしないように禁止事項を意識し過ぎないことが大切なのだが、意識してはダメだと思うほど意識してしまうのが人間なのである。

おまじないが及ぼす影響とは？

ダミシュらの実験

●幸運のゴルフボールでパットをした結果は

このお守りを持っていると「必ずいいことが起きる」というラッキーアイテムを持っているだろうか。もしくは、スポーツ選手がするように「大会に優勝するまでは髪を切らない」などのゲン担ぎをしているだろうか。

そんな非科学的なことを信じても効果がないと思っている人は多いだろう。しかし、こうしたラッキーアイテムやゲン担ぎは意外と効力がある。

それを実証しようとしたのが、ドイツのケルン大学の心理学者ダミシュらの研究チームだ。

彼らは被験者たちにパターゴルフをさせる実験をした。始める前に半分の被験者には「じつは、このボールは幸運なボールなのだ」と言ってゴルフボールを渡し、残り半分の被験者には「普通のゴルフボール」だと言って渡した。

もちろん前者のゴルフボールも普通のゴルフボールなのだが、不思議なことにパットを成功させる確率は幸運なボールだと信じ込まされた人たちのほうが高かったというのである。

●思い込みでパフォーマンスが上がる

話は少しずれるが、風邪をひいている人に医師が風邪薬だと偽って栄養剤を渡すと、ただの栄養剤なのに風邪が治ってしまうことがある。これは「プラシーボ効果」といって、強く信じることで体調にまで影響を及ぼすという例である。

反対に、医師に「顔色が悪い」と言われたら、特に体調不良でもなかったのに具合が悪い気がしてくることもある。

つまり、強く信じることや思い込むことよって自分自身の能力やコンディションまで大きく左右されるということだ。

ラッキーアイテムや幸運を呼び込む習慣を信じていれば、パフォーマンスが上がっていい結果を生み出す可能性が高まる。その成果が自信につながって、さらにいい結果を生み出していくというわけである。

モノの価値によって大きさがゆがめられる？

ブルーナーとグッドマンの実験

●コインの大きさを光の円で再現すると……

人は情報の9割を目から取得するといわれているが、それがいつも正しいとは限らない。人間の視覚は意外といい加減なもので、思い込みひとつで簡単に錯覚してしまうものだ。「あばたもえくぼ」というように、人は自分が好むものや価値を置くものに対して過大評価する傾向にあるが、じつは視覚も同じなのである。

これを証明したのが、アメリカの心理学者ブルーナーとグッドマンだ。彼らが行った実験は次の通りである。

まず10歳の子供を30人集め、2つのグループに分ける。そして、光源の絞りを調節できるスクリーンの前に座らせ、一方には1セント、5セント、10セント、25セント、50セントの5種類のコインを見せ、もう一方のグループには、5つのコインと同じ大きさでできた灰色のボール紙を見せた。

その後、目の前のスクリーンを使って、それぞれ今見たものと同じ大きさの光の円を作るように指示した結果、灰色のボール紙を見せられたグループは、ほぼ同じ大きさの円を再現したのに対し、本物のコインを見せられたグループは、実際のコインよりも大きく、しかも、値段の高いコインほど大きく再現したのである。

ちなみに、本物のコインを見せられたグループには裕福な家庭の子供と、そうでない子供が混ぜられており、後者の子供のほうがより大きな光の円を作ったこともわかった。

●思い込みが大きく見せる?

人は自分にとって価値の高いものほど大きく見ようとする。たとえば、尊敬する上司の背丈を実際よりも高く感じたり、恋人がくれた指輪のダイヤがやけに大きく見えたりするのもこれと同じ話だろう。

この実験が行われたのは約70年前のことなので、厳密には最新のデータをとる必要があるが、人が何かモノを見る時に独自の価値観を加味することは「社会的知覚」と呼ばれ、心理学の分野では常識的に存在している。

〝王様〟は絶対に幸せになれない？

ランガーとロダンの実験

●人任せにすれば楽だけれど……

もしも、「あなたは何も考えず、何もしなくていいですよ。こちらが身の回りのことをすべて決めて、すべてやってあげますから」と言われたらどう思うだろうか。

こんなに楽なことはないと大喜びする人もいるだろうが、実際にそういう状況になってみると数日のうちに嫌気がさしてくるはずだ。

やってもらえることの快適さより「着る服くらい自分で決めたい」「今日は違うものを食べたかった」などの不満のほうが大きくなってくるからだ。

幼い子供も、思うように身体が動かせなくなった高齢者も、人はできる限り自分の行動を自分で選択してコントロールしていきたいと思っているのだ。

手取り足取り、周囲が何もかも決めてサポートしてくれたら確かに楽かもしれないが、その反面で自由が制限されていることに対してストレスを感じるのである。

●責任を与えられた高齢者と行動をコントロールされた高齢者

このことについて心理学者のランガーとロダンが、アメリカのコネチカット州にある高齢者の養護施設で行った実験はとても興味深い。ランガーらは高齢者施設の4階に居住している人たちと、2階に居住する人たちとにそれぞれ違う条件を設定して調査した。

4階の居住者には「自分の身の回りのことは自分でして、どう過ごすかも自分の責任で決めていい」「部屋のどこに何を配置するかも自分で決めていい。今のままでもいいし、もし家具を動かすなどの手伝いが必要ならスタッフが協力する」「プレゼントに植物を渡したいが、受け取るかどうかを決めてほしい。受け取るならどの植物がいいか選んでほしい」など、自分の行動に対して責任や選択権を与えた。

一方、2階の居住者には「皆さんが幸せな生活を送り住みやすい場所にするのはスタッフの責任である」「快適に暮らせるように部屋の配置をつくってある」「お手伝いするために何でもする」「プレゼントに植物を渡したい。世話はスタッフがする」など、居住者の行動にはスタッフが責任を持ち、居住者に代わってスタッフが物事を選択することが伝えられた。

●選択権や責任を与えられることで満足度が上がる

この実験を開始して3週間後にそれぞれの居住者にアンケートをとると、明らかな差が見られたという。

スタッフに行動をコントロールされている2階の居住者より、責任を多く与えられた4階の居住者のほうが生活に満足して活動的に暮らしていることがわかったのだ。施設のスタッフの評価においても、4階の居住者のほうが際立っていきいきしているという結果が出た。

しかも実験を開始する前より、実験で行動に対する責任や意思決定権を与えられたあとのほうが生活や態度、体調が改善されていたという。

つまり、人はどんな状況にあっても自分の人生を選択し、コントロールすることでより幸せな生き方をすることができるということだ。

逆を言えば、甘やかされて親や兄弟に自分の人生を委ねて生きるのが当たり前になっている人は、幸せな人生を知らないのかもしれない。

「つまらないからやめる」ではなく「やめるからつまらない」？

ベムの実験

●楽しいから続けているのではなく、続けているから楽しい!?

自分は自身の内側から湧いた感情や態度に従って、なんらかの行動を起こしていると考えている人は多い。

たとえば、ある作業をしていると「楽しい」とか「つまらない」という感情が湧いてくる。その感情によって「楽しいから続けよう」とか「つまらないから止めよう」というふうに自分の行動を決めていると考えているのではないだろうか。

しかし、実際にはその反対で、人は自分の起こした行動を観察して、その行動から自分自身の感情や態度を推測しているという。

つまり、楽しいから続けているのではなく「自分はこの作業をずっと続けている」→「この作業は楽しいにちがいない」と推測しているという。自分では意外と自分自身のことがわかっていないのだ。

これは「自己知覚理論」といい、この理論の提唱者であるアメリカの社会心理学者ダリル・ベムは次のような実験を行っている。

●痛くないふりで痛みへの耐性が高まる

ベムは電気ショックによる実験を行い、自己知覚がどう痛みの感じ方に影響するかを調査した。被験者は電気ショックを与えた時に痛がるように指示されたグループと、電気ショックが与えられても痛がらずに振るまうように指示されたグループに分けられた。すると、痛がるように指示されたグループは痛みへの耐性が弱くなり、新たに電気ショックを与えると本当に「痛い！」と訴えるようになった。

一方で、痛がらないように振るまったグループでは痛みへの耐性が強くなり、新たに電気ショックを与えても「それほど痛くない」と感じるようになったという。

つまり、被験者は自分自身の「痛くないという態度」を客観的に観察した結果、「これは耐えられる程度の痛みだ」と思うようになっていたのだ。

好きになれない仕事でも「この仕事が自分は大好きだ」というふりをしながら働き続けていれば、自分でも気づかないうちにその仕事を好きになるかもしれない。

節約志向なのに気分で高額品を買ってしまう?

カーネマンとトベルスキーの実験

●節約の一方で散財する矛盾

なかなか景気が上向かないなか、日々の生活をどうにか工夫してやりくりしているという人も多いだろう。

ビジネスパーソンだったらできるだけ呑み代を浮かせ、主婦だったらスーパーのチラシに目を凝らして10円でも安いティッシュペーパーを探すにちがいない。

じつに涙ぐましい努力だが、少しでも節約できればそれだけ暮らしは楽になる。そう思えば頑張れるものだ。

だが、その一方で旅先に出たら気が大きくなって、いつもだったら手を出さないような特別料理を何のためらいもなく頼んだり、「もうすぐ同窓会があるから」などと理由をつけて、高額のアクセサリーを定価でポンと買ったりしていないだろうか。

もちろん、お金の使いどころは人それぞれなので旅先ではケチりたくない、たまにはおしゃれにお金をかけたいなど理由はあるだろう。

つまり、人は実際に持つ「物理的財布」とは別に、自分の価値観で支出が変動するもうひとつの財布を頭の中に持っている。これは専門用語では「心理的財布」と呼ばれるものである。

●用途で異なる1万円の価値

この心理的財布については、ダニエル・カーネマンがトベルスキーとともに実験を行っている。

その方法は、参加者に次のような質問を投げかけるというものだ。

A　あなたはある演劇を観ようと思い立った。チケットの代金は1万円。だが当日、劇場の窓口でお金を出そうとしたら、財布から1万円札が1枚なくなっていることに気づいた。さて、あなたはそれでも別の1万円を出してチケットを購入するだろうか？

B　あなたはある演劇を観ようと思い立った。チケットの代金は1万円で、事前に入手しておいた。だが当日、劇場に着いたら持ってきたはずのチケットがなくなっていることに気づいた。さて、あなたは手持ちの1万円を出して新たにチケットを購入し直すだろうか？

この結果、Aの問いに対して「購入する」と答えた人は88パーセントにのぼった。ところがBの問いになると、「購入する」と答えた人は46パーセントとほぼ半減したのである。

●費用対効果の影響とは

Aの場合は、1万円札が1枚なくなったが、それは何に使ったのかわからない1万円で、観たい演劇に支払うお金は変わらず1万円のままだ。

だが、Bで新たにチケットを購入した場合、紛失したチケットの分とあわせて2万円で演劇を観ることになる。

つまり、Bで「購入する」と答えた人以外は、同じものに再度お金を使うことに抵抗を感じたのである。あるいは、その演劇に対して2万円の支出は自分にとって大きすぎると判断したのだ。

　このように、自身の中で用途別にざっくりと予算の線引きをするのが心理的財布なのである。

　当然この財布の支出には、企業のブランド力やサービスの質といった費用対効果も大きく影響する。

　たとえば、ブランド好きな人はブランドのロゴが入ったバッグにはつい財布の紐がゆるむし、１００円ショップに行くと、１００円より安く売っている店がほかにあるにもかかわらず、なんとなくお得に感じて買ってしまうものである。

　販売する側にとっては、こうした消費者の心理的財布をいかにコントロールするかがキモなのである。

ちょっと経っただけで記憶はどこまで低下する？

エビングハウスの実験

●1時間後には半分以上忘れている

「忘却はより良き前進を生む」とは哲学者ニーチェの言葉だ。人間は忘却の生き物とはよくいったもので、良くも悪くも多くのことを忘れ去って生きている。

しかし、受験や資格試験など、忘れてはいけない局面というのが人生に何度も訪れる以上、どうにかして記憶の定着を図らなければならないこともある。

そこで覚えておきたいのが、「エビングハウスの忘却曲線」だ。記憶についての研究を行ったドイツの心理学者エビングハウスは、まず意味のないアルファベットの羅列を２３００個ほど作り、その中から無作為に10数個を取り出してリストにした。

そのリストを完全に暗唱できるようになるまで繰り返し、暗唱できるようになっ

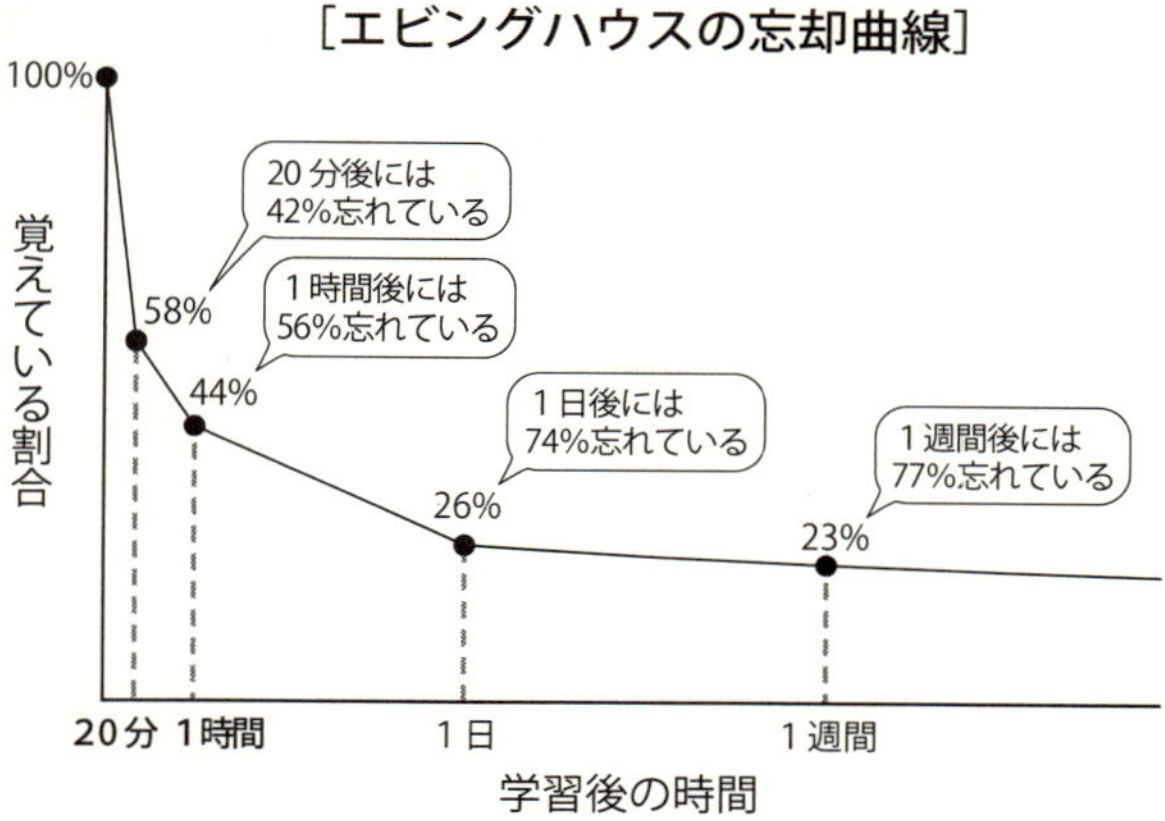

たら時間を空けて再び暗唱できるようになるまで繰り返した。

エビングハウスはさらに研究を続け、記憶に関するさまざまな研究結果を導き出したのだが、その中のひとつが「エビングハウスの忘却曲線」だ。

このグラフが示すのは、人間はものを覚えた直後に急激に忘れて、その後時間が経つにつれてゆるやかなスピードで忘れていくということだ。

エビングハウスの実験では、20分後には42パーセント、1時間後には56パーセント、1日後には74パーセント、1週間後には77パーセントを忘れてしまったのである。

●1秒後には多くを忘れる

エビングハウスのほかにも、記憶と忘却についての実験は盛んに行われているが、アメリカの心理学者スパーリングは、短期記憶の容量について報告している。

任意のアルファベットを3個または4個を縦3行に並べたものを画面でほんの一瞬被験者に見せて、どれだけのアルファベットを覚えているか紙に書いてもらうのだ。

被験者が書いたアルファベットは4、5文字程度だったのだが、「瞬間的にはもっと覚えていた」という被験者が多かったため、実験のやり方を変えた。

アルファベットを画面に提示したあとにブザーを鳴らして報告する行を指定すると、被験者の覚えている文字は格段に増えたのである。

この実験でスパーリングの導き出した結論は、「画面提示後1秒以内であれば、12文字中9文字は覚えている」というものだ。

裏を返せば、1秒経てば多くのことを忘れてしまうということでもある。

●レミニセンス効果で効果的な復習を

これらの実験から、いったん覚えたことでも1秒、20分、1時間と時間が経つに連れてどんどん忘却が進み、1週間後には8割近くを忘れてしまうということがわかる。

物ごとを覚えておくためには予習より復習が大切というのは教育現場でよくいわれていることだが、心理学の観点からもそれは真実なのである。

ただし、やみくもに復習すればいいわけではない。人間の脳の機能の特性を考えれば、一定の時間を置くことが効率的な学習にはプラスになる。

たとえば、寝る前に覚えたことを翌朝になるとそれがすっきりと整理されて思い出すことができるということはないだろうか。人間の脳は情報を取捨選択して整理するのに少し時間がかかるのだという。

これは「レミニセンス効果」といわれる現象で、覚えた直後よりも、ある程度時間を置いてからのほうが物ごとをより整理して思い出せるというものだ。

忘却に関する実験結果とレミニセンス効果の両方を考慮すると、復習のタイミングは1日後以降に一定期間を置いて繰り返すのが効果的ということになる。

大切なのは記憶が定着するまで繰り返すことと、定着したと思っても定期的に復習することだ。

地道なやり方だが、結局はこれが一番確実な近道なのである。

Chapter 3

あなたの「無意識」に働きかけていた——

身の回りの心理がわかる心理実験

はじめから「できない」と言ってはダメな理由とは?

チャールディーニらの実験

●同じ相手からの依頼は断りにくい

トップセールスマンと呼ばれる人たちには、相手の心理を巧みに操るテクニックを持つ人が多い。その中でもいわゆる悪徳業者によく利用される心理効果が、「ローボールテクニック」だ。

これはアメリカの心理学者チャールディーニらの研究者によるれっきとした心理実験によって導き出された心理効果で、「話が違う」という状況を意図的につくり出すことが説得に大きな役割を果たすことを証明したものである。

実験では大学生を20人ずつの3つのグループに分けて、1時間ほどかかる簡単な計算問題を解いてもらうように依頼する。

その際、第1グループと第2グループには、報酬が支払われると伝えておいた。

第3グループには報酬の有無は伝えない。

その時点では依頼を受けた人数は、第3グループは4人、第1と第2グループは全員が依頼を受けることを承諾している。

その後、依頼者はいったん席を外す。再び依頼者が戻ってきた時、第1グループと第2グループには、報酬が支払われなくなったと告げるのだ。

そこで重要なのが、第1グループには最初の依頼者がそのまま話し、第2グループには最初の依頼者とは違う人間が話をすることにある。

そして、再び依頼を受けてくれるかどうか確認を取ったところ、第1グループは11人、第2グループは3人が依頼を受けてくれることになった。

最初から無報酬を告げていた第3グループで依頼を受けたのは4人だったことを合わせて考えてみれば、「話が違う」という状況にもかかわらず、第1グループでは依頼を受けた人が明らかに多い。

第1グループと第2グループの違いは、依頼者が同じか違うかということしかない。つまり、いったん依頼を受けた後では、同じ相手からの依頼は断りにくくなっていることがわかったのである。

●一貫性の原理は悪徳業者に利用される

この心理は、人間の心理の特性である「一貫性の原理」に基づいている。行動や発言に一貫性があることが他者から受け入れられ評価されるというもので、自分の行動にも一貫性を求めようとする心理が働くのだ。

ところで、ローボールテクニックと同じように、一貫性の原理に基づいた心理を利用した交渉術にフット・イン・ザ・ドアテクニックがある。

これは受け入れやすい簡単なお願いをしてから徐々に要求の難易度を上げていくと、難しい依頼も受け入れてもらいやすくなるというやり方だ。

一貫性のある行動のほうが他人から評価されると感じる人間の心理によって、自分の行動が無意識にコントロールされてしまう。この心理を知っていれば、利用される側になるのを避けられるかもしれない。

お願いに理由さえつければ応えてくれる？

ランガーの実験

●理由にならない理由でもいい

おねだり上手な人はいるもので、些細なことから大きなことまで他人に頼んだにもかかわらず快く引き受けてもらっていたりする。

さぞや高等なテクニックが必要なのかと思いきや、案外単純なことが頼みごとを聞いてもらうコツなのである。

それを証明したのが、アメリカの心理学者ランガーによるコピー機の実験だ。

行列ができているコピー機のところに行って、先にコピーをとらせてもらえるようにお願いするのだが、その際に頼み方を3通り用意する。

①「すみません、先にコピーをとらせてください」と要求だけを伝える

②「すみません、急いでいるので先にコピーをとらせてください」と理由をつけ加える
③「すみません、先にコピーをとらなければならないので、先にとらせてください」と理由にならない理由をつける

コピーの枚数が少ない場合、要求だけを伝えた①のパターンでは約6割、②の理由をつけ加えた頼み方では9割以上の人が順番を譲ってくれた。

そして驚いたことに、理由にならない理由をつけた③のパターンでも、②の割合とほとんど変わらない結果が出たのである。
③は典型的な「循環論法」と呼ばれるもので、証明すべき結論を前提で用いている堂々巡りの言い方だ。
数学の証明問題などでは陥りやすい過ちとして有名な論法なのだが、ここではあえてその言い方を用いている。

つまり、大切なのは何かしらの理由をつけて頼むことで、その内容が論理的かどうかはさほど影響を与えていないということがわかるのだ。

●働きかけには反応してしまうのが人間心理

何らかの理由があれば受け入れてしまうという現象の根底にあるのが「カチッ・サー効果」と呼ばれる深層心理で、ある働きかけによって反射的に行動してしまうことがあるという人間の性質を表している。

ちなみにカチッ・サーとは、テープレコーダーの再生ボタンを押すと「サーッ」という音が流れることに由来する。

交渉上手になるための心理術は数多くあるが、なかでもこのテクニックはすぐに取り入れられる簡単な方法といえる。

頼みごとをするのを躊躇する理由のひとつが、「断られたら嫌だ」「恥ずかしい」ということだろうが、このテクニックを知っておけば引き受けてもらえる確率は上がるはずだ。

難しく考えずに、勢いで頼んでみるのがおねだり上手になるコツなのである。

「ご褒美」でやる気は上げられるのか？

レッパーとグリーンの実験

●園児たちは賞状が欲しくて絵を描くのか？

子供にしても会社の部下にしても、人を育てるというのは難しいものだ。その手のハウツー本には「子供のやる気を引き出す」とか「部下のやる気はこうして高める」などというフレーズが踊っていたりする。

やる気を引き出すには、褒美を与えるというのが一般的なやり方だが、じつは、これが逆効果となることが実験で証明されているのだ。

心理学者のレッパーとグリーンは、保育園に通う園児たちにマジックで紙に絵を描いてもらうという実験を行った。

園児たちを事前にシールとリボンのついた賞状をあげるという約束をしたグループと、事前には何も言わずに絵を描き終わったところで賞状を渡すグループ、そして、描き終わっても何も渡さないグループの3つに分けた。

園児たちが絵を描き終わると、それぞれの賞状に名前を書き入れて掲示板に貼り出しておく――。ここまでが実験の下準備だ。

その後、教室にマジックと紙を置いておき、自由に絵が描ける状態にする。

数日から1週間観察すると明らかな差が現れた。事前に賞状を約束されたグループの園児たちは、他のグループの園児たちに比べて絵を描く時間が少なく、残りの2つのグループには大きな差が現れなかったのだ。

●報酬の約束が逆効果になる

この実験結果から読み取れるのは、報酬の有無ではなく、「事前に報酬が約束されていたかどうか」が園児たちのやる気に影響を与えたということだ。

何かをもらえるからやるというのは「外的報酬」による動機づけだ。賞状というのがその外的報酬にあたる。

この場合は、報酬そのものに魅力を感じない、割に合わないと感じたら、やる気を失ってしまうというリスクがある。

外的報酬の反対が「内的報酬」で、充実感を得られ、好奇心が満たされるというのが行動の動機づけになる。

事前に報酬が約束されていなかった園児たちと、一見何も報酬がなかったグループの園児たちは、自分たちの「絵を描きたい」という興味や関心が満たされたという内的報酬を得ている。

内的報酬による動機づけの場合、自分がやりたいことだからやる気が生まれて行動する。その結果として内的報酬を得たことで、ますますやる気が出るという理想的な状況なのである。

自分のことに置き換えてみれば、報酬を与えられることでやる気を引き出せるとしたら、毎月の給与が出ている仕事にこそ最大限のやる気が生まれるはずだ。

しかし、実際は好きなことには際限なく打ち込めるけれど、仕事となるとどうもやる気が出ないなどということがあるだろう。

結局、やる気が出るかどうかは自分の気持ちひとつにかかっている。誰かに強制されたり、モノや報酬でつられて一時的にやる気になったとしても、それを持続させるのは難しいのだ。

子供や部下のやる気を引き出そうと思うならば、目先の報酬ではなく、充実感を得たり興味を持てるようなサポートが正解なのである。

イメージさえ与えられれば簡単に判断を変えられる？

ウェイソンとシャピロの実験

●判断力はイメージに左右される

プレゼンテーションなどで使う資料作りで分析結果や問題の解決策などをデータとともに示すことは重要な作業だ。

しかし、これが相手の心に響くかどうかは、その見せ方にかかっているといっても過言ではない。そのキーワードのひとつが「イメージできるかどうか」だ。

日頃意識しているかどうかにかかわらず、イメージする力というのはあらゆる場面で判断力に影響を及ぼしている。数字やアルファベットを並べたデータを論理的に判断するのは困難でも、そこに具体的なイメージを抱ければ読解もよりたやすいものになる。

具体的なイメージが判断力に影響することを実感するには簡単な2つの問題を解

いてみればわかる。

まず1問目。裏が着色され、表にアルファベットがかかれている4枚のカードが次のページの図のように並んでいる。赤いカードの裏は必ずアルファベットの大文字になっている。この条件を確かめるためには、どのカードをめくればよいだろうか。

そして、2問目。あるレストランの売り上げを集計するための4枚のカードが図のように並んでいる。表には飲み物、裏には飲んだ人の年齢が書いてある。当然、未成年者は飲酒できないのだが、このレストランが法律を守っているかどうかを確かめるには、どのカードをめくればよいだろうか。

2つの問題は、論理的には同じ思考方法で正解を導くことができる。1問目は、「赤の裏が大文字」ということと、「小文字の裏は赤ではない」という2点を確かめなければならない。間違えてはならないのは、「大文字の裏は必ず赤でなくてもいい」という点である。つまり、めくるのは右端と左から2番目のカードだ。

2問目は、「20歳未満の裏はノンアルコール」と「アルコールの裏は20歳未満ではない」を確かめる必要がある。ここでも、「ノンアルコールの裏は20歳以上」でもいい。よって、めくるのは右端と左端だ。

[ウェイソンの実験]

●1問目のカード

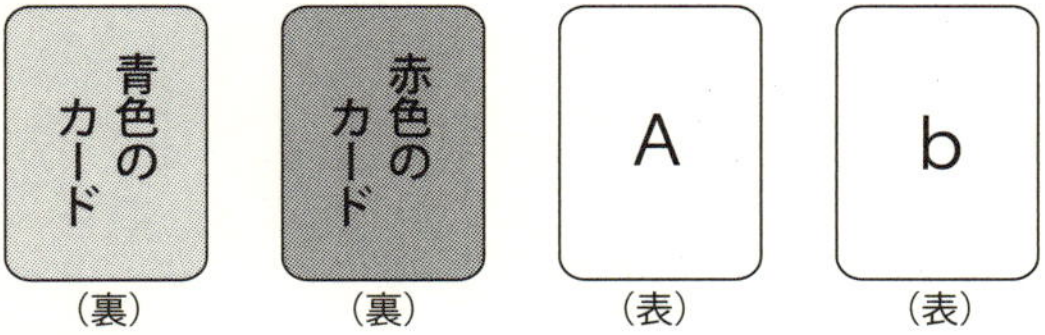

●2問目のカード

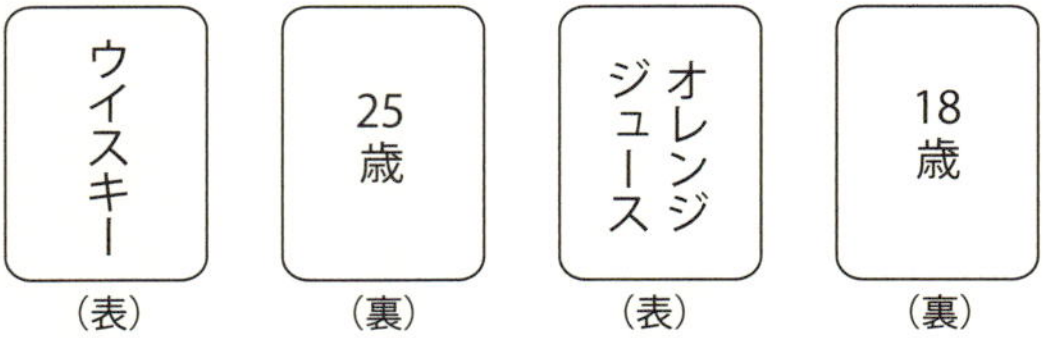

●ストーリーがデータの価値を高める

これは、イギリスの大学生に対して心理学者ウェイソンとシャピロが行った「ウェイソンの選択問題」という有名な心理実験である。問題を与えられた時、それが抽象的であるほど解きづらく、具体的であるほど正答率があがるという結果が得られている。

1問目はカードにアルファベットが書かれているだけのもので、具体的なイメージは湧きにくい。

一方で、2問目はレストランで飲み物を頼む客という場面設定がされていて、しかも未成年が飲酒しているかどうかを確かめるといったストーリーも用意されている。

実際、ウェイソンが行った実験では、1問目のような抽象的な課題の正答率は12・5パーセントで、2問目のような具体的な問題の正答率は62・5パーセントという結果になった。

これは、人間が具体的にイメージできる問題に対してはうまく対処することができるということを示している。

単なる記号や数字の羅列では、相手の記憶にも残りづらい。データに意味を持たせるような工夫をして示すだけで、そこに生まれたストーリーに引き込まれて強い印象を残すことができるのだ。

プレゼンの名手と呼ばれた故スティーブ・ジョブズも、単に新製品を紹介するような場面でも、語る内容にストーリーを持たせることを大切にしていたという。その効果は絶大で、彼の行った数々のプレゼンテーションは人々の記憶に残り、多くの名言とともに後世に語り継がれている。

数字やグラフをただ羅列するのではなく、具体的な例を挙げたり、イメージしやすい言葉を添えることによって印象的なストーリーを与えることができれば、そのデータの価値は格段に上がるのである。

選ばれるためのちょうどいい選択肢の数とは?

アイエンガーの実験

●種類の少ないジャムのほうが10倍売れた!

買い物をする時に品数がひとつしかないよりは、できればより多くあったほうが選ぶ楽しみも増えていいという人は少なくないはずだ。

しかし、種類が多ければ実際に買ってくれるのかというと話は別になってくる。「いっぱいあるな……」と眺めているだけで、消費には結びつかない場合があるのだ。

このことを「買い物客とジャムの研究」という実験で証明したのが、アメリカ・ニューヨークのコロンビア大学ビジネススクールのシーナ・アイエンガー教授だ。

実験はスーパーマーケットの試食コーナーで、24種類と6種類のジャムを並べて行われた。結果は、種類が少ない6種類のジャムのほうの売り上げが圧倒的に高かったのだ。

逆に、品ぞろえが4倍もある24種類のジャムを置いたコーナーのほうが試食した人（買い物客の60パーセント）は多かったものの、彼らの中で実際にジャムを買ったのは3パーセントにとどまったのである。

それに対して、6種類にした時は40パーセントと立ち寄る客は減ったものの、ジャムを購入したのは30パーセントと、6種類のほうが10倍も多かったのである。

たしかに、多くの人の視線や興味を引きつけるには〝数で勝負〟というのは販売戦略のひとつとしてあり得るが、それは同時に諸刃の剣にもなる。選択肢が多すぎるとかえって「決められない」現象を生んでしまうのだ。

●売れ筋商品が〝迷い〟をなくす

そのいい例がコンビニエンスストアだろう。コンビニに来る客は、「必要なモノしか買わない」客もいるが、立ち寄ること自体が日課のようになっていたり、ちょっとした暇つぶしにのぞいたりする人も多い。

そんな彼らの多くがつい買ってしまうのは、商品ごとのアイテムが限定されている、いわゆる〝売れ筋商品〟だ。

膨大な商品が目の前に並べられている場合、消費者はどれを買ったらいいのかどうしても迷いが生まれてしまうが、コンビニの店内では限られたスペースに売れ筋商品を陳列しているために自ずと選択肢の幅が狭まり、いざ買う時になっても迷いが生じないのである。

同じように、アメリカの家庭用品メーカーでは、それまで26種類あったシャンプーを15種類にしたところ、売り上げが10パーセントも上がったという報告もある。

つまり、アイテムを増やして目先の集客に血眼になるよりも、品数をグッと絞って商品のバラツキや無駄な経費を減らしたほうが、売り上げもグッと上がって効率がいいのである。

必要なモノだけで暮らすという現代の風潮からみれば、選択肢が多いほど最良の結果を得られると考えるのはもはや時代遅れなのだろうか。

その数値は本当に妥当？

カーネマンとトベルスキーの実験

●同じ商品を安く感じたり、高く感じたりするワケ

テレビショッピングでは「定価２９８００円の商品が今なら１９８００円！」と特別セールをしているのをよく見かける。

「１００００円も値引きだなんて得だ」とつい購入してしまいがちだが、これが元から１９８００円の商品で値引きがなかったら購入するだろうか。「１９８００円か。ちょっと値が張るし、今回は買うのを我慢しよう」と思う人もいるはずだ。

同じ値段なのに安く感じるか高く感じるかは、判断基準を何にするかによって変わってくる。

この場合では、定価２９８００円という値段が判断基準となり、その後に提示された１９８００円が安く感じられるようになったのである。

一方、元から19800円だと手がかりとなる判断基準がなく、安いのか高いのかを推しはかれなかったと考えられる。

このテレビショッピングの例のように、人は何かの数値に判断を下す時にその直前に提示された数値や情報を基準（アンカー）として考えてしまう。これを「アンカリング効果」という。

マーケティングの手法としてもよく使われているのだが、気をつけないとまったく無関係な数値にもアンカリングされてしまうことがある。

●無関係な数値にも影響されるアンカリング効果

カーネマンとトベルスキーが、このアンカリングの効果実験を行っている。

彼らはルーレットのような回転式の円盤に0から100までの数値を書き込み、ひとつの円盤は必ず10、もうひとつの円盤は必ず65の目が出る仕掛けにした。

そして、参加者を2つのグループに分けて、一方のグループには必ず10の目が出る円盤を、もう一方のグループには必ず65の目が出る円盤を回してもらい、その数字をメモさせた。もちろん参加者はルーレットに仕掛けがあることを知らない。

その後、それぞれのグループに「国連加盟国に占めるアフリカ諸国の比率は、あなたがメモした数字より大きいか小さいか。また、国連加盟国に占めるアフリカ諸国の比率はどのくらいか」という質問した。

すると、10の目を出したグループでは比率の平均が25パーセント、65の目を出したグループでは45パーセントという回答になった。

円盤の数値と国連加盟国に占めるアフリカ諸国の比率とはまったく無関係にもかかわらず、直前に示された円盤の数値に影響を受けて前者は小さめの数値、後者は大きめの数値を推量してしまったのである。

この実験でもわかるように、人は推量する時に何か手がかりになるものと数字で比較しようとする。

たとえば、家電量販店で定価やほかの商品の値段と比較検討して「これくらいが妥当な価格かな」と判断するのと同じことである。

しかし、まったく手がかりがない状態だと直前に示された無関係な数値に影響を受けてしまうこともあるわけだ。それだけ人の数値に対する判断はあてにならないものなのだ。

知らず知らずのうちに無関係な数値にアンカリングされていることがあるかもしれないから、何かの商品を比べる時にはくれぐれも注意したほうがいいだろう。

「ない」と言われると人はどんな心理になる？

ブレムらの実験

●ないとわかるとかえって執着する

ランチを食べるために入ったレストランで、頼もうと思ったメニューが品切れだったとする。適当に選んだにもかかわらず品切れだったことでどうしてもそれが食べたくなってしまい、結局それを夕飯のメニューにしたというような経験はないだろうか。

ランチメニューに限らず、ないとわかるとかえって執着してしまうことはよくある話だ。

この心理を解明するべく、アメリカの社会心理学者ブレムらが大学生を集めてレコード会社の市場調査に協力してもらうという設定で実験を行っている。

2日間に分けて行われた実験では、初日に4種類のフォーク音楽のレコードを聞いて評価してもらう。そのうえで、2日目の調査が終わったら4種類のうち1枚のレコードを進呈することを告げておく。

2日目には、調査を行う前にレコードのうち1枚が手違いで届いていないためレコードを進呈できなくなったと伝え、その後レコードの評価を再度行った。

届かなかったレコードは、1日目の評価では上から3番目に位置するものだった。しかし、それが手に入らないとわかったうえで行われた2日目の評価では、明らかに評価が上昇していたのである。

「リアクタンス」と呼ばれるこの心理は、「反発、抵抗」と訳すことができる。ブレムらの実験では、レコードが届かなかったことによってそれが進呈される選択肢から消えてしまったことになる。

人はいったん選べないとなると、その事実に抵抗したくなる。つまり、手に入らなくなったそのレコードの魅力が増したように感じられるという、いわばないものねだりというわけだ。

●反発する心理が行動を左右する

リアクタンスで説明できる心理はほかにも挙げられる。

「絶対誰にも言わないでね。内緒だよ」などと前置きされて聞いたことを本当に誰にも話さないでいるのは至難の業だ。このように、禁止されるとかえってやりたくなってしまうことを「カリギュラ効果」という。

また、今から勉強しようと思っていた時に、母親から「勉強しなさい！」と言われて途端にやる気を失ってしまった経験はないだろうか。これは、強制されるとかえってやりたくなくなる「ブーメラン効果」と呼ばれる心理だ。

カリギュラ効果もブーメラン効果もリアクタンスで説明できる心理で、効果は逆だが、根っこの部分は同じといえる。

つまり、自分にかかる力に反発して反対の方向に心が動いてしまうということなのだ。

リアクタンスが働いている時は、自分自身でもどうしたいのかを見失ってしまうことが多い。他人の行動に左右されて思わぬ判断をしてしまうのもよくあることだ。

ランチメニューやレコード程度なら笑い話ですむのだが、人生の岐路に立った時、その判断が本当に自分の意思なのかを見極められなければ手痛い失敗をすることになるかもしれない。

「失敗するに決まっている」とまわりから思われていると……?
ローゼンソールとジェイコブソンの実験

●無意識の期待が相手に伝わる

「ほめて伸ばす」は、人材育成のセオリーのひとつだが、実際に口に出してほめることをしなくても、明らかに成長させることができると言ったら信じられるだろうか。

これを「ピグマリオン効果」と呼ぶのだが、アメリカの研究者であるローゼンソールとジェイコブソンが行った実験によって実際に導き出された結論なのである。

実験では、小学1年生から5年生を対象に知能テストを行い、その結果とは無関係に一部の生徒を抽出した。

そして、担任の教師にこのことはけっして口外しないようにという条件もつけて「この子供たちは近い将来、必ず急激に知的能力が伸びる」と伝えておくのだ。

生徒たちは無作為に抽出されているので、知能テストの結果はさまざまだった。それにもかかわらず8か月後に再び行われた知能テストでは、抽出された生徒たちの中の3年生以下の子供たちの成績がほかと比べて顕著な伸びを見せたのだ。

教師たちは約束通り、知的能力が伸びるということを周囲にも本人にも伝えてはいない。

しかし、無意識か意識的かにかかわらず、教師のちょっとした声掛けや表情、仕草などにも生徒たちへの期待が込められることになり、生徒自身もそれを感じ取ったのである。

なかでも低学年の生徒のほうが幼くて素直な分、教師たちの思いを敏感に感じ取り、それを自分たちの学習の動機づけに素直につなげることができたのではないかというのがローゼンソールとジェイコブソンの分析である。

つまりこの実験結果は、言葉に出さなくてもポジティブなイメージを持って接することが相手の成長に影響を与えうることを実証しているのだ。

●伸びるも伸びないも育成者しだい

相手に持つ印象が、自身の成長に大きな影響を与えることを示すもうひとつの事例が、ピグマリン効果と対になって挙げられる「ゴーレム効果」だ。

ゴーレム効果とは「ダメな奴」「失敗するに決まっている」「できるわけがない」などと、他人からネガティブなイメージをもって関わられることで、学業成績やスポーツの成績、作業の効率の低下を招くというものだ。

ビジネスシーンにおいても同じで、部下や同僚のいいところを見て好意的にサポートする場合と、常にあら探しをするように接するのとでは、どちらがいいかは明白だろう。

ピグマリオン効果とゴーレム効果の重要性というのは、子供たちに関わる教育現場に限らず人材育成の場面においては十分に意識されるべきことで、関わる人間の意識によって相手に成長が促されたり阻害されたりするということを覚えておきたい。

人材育成という観点から見れば、真に問われているのは育成者である人間の心構えなのだ。その意識を持って関わることで、相手の能力はグングンと伸びていくことを実感できるだろう。

なぜか「そっち」を買ってしまう陳列方法とは?

ロドウェイらの実験

●5つの選択肢から好きなものを選ぶと……

イギリスのある研究チームが3つの実験をした。

まず1つ目は、5枚の写真を横に並べて最も好きな1枚を選んでもらうという実験だ。写真はすべて同じテーマで、たとえば海なら異なる海の風景が5枚、花なら異なる種類の花が5枚といった具合である。

2つ目は、同じ写真を今度は縦に並べ、やはり最も好きな1枚を選ばせる。3つ目は、写真ではなく白い靴下の現物を5つ並べ、一番好きな1足を選んでもらう。

じつは、3つの実験の結果はすべて同じで、被験者のほとんどが真ん中のものを選んだ。この結果、人は複数の選択肢が目の前にあったら真ん中を好むという傾向が導き出されている。

ただし、最も嫌いなものを選ばせる場合はあてはまらない。この「真ん中効果」はあくまで好きなものを選ぶ時だけ有効なのだ。

●なんとなく竹を選ぶ「松竹梅の法則」

さて、これと似た心理効果に「松竹梅の法則」がある。

たとえば、定食を食べに行った時に800円、1000円、1200円の3種類があったら、多くの人が1000円、すなわち松竹梅でいうところの「竹」を選ぶという心理だ。

これに関してもアメリカで検証が行われている。およそ100人の被験者に対し、あるメーカーの上位機種のカメラを値段の高い順にA、Bと並べ、より買いたいほうを選択してもらったところ、だいたい半分ずつに分かれた。

ところが、そこにBより安いCのカメラを選択肢に加えたところ、圧倒的にBを選ぶ人が増えたのである。

単純に複数の選択肢から真ん中を選びたくなる真ん中効果と、価値を相対的に比較して真ん中を選ぶ松竹梅の法則は、専門的には別の心理効果である。ただ、どちらも知っておけば商品販売など営業のテクニックとして役立つはずだ。

100円と99円ではどっちが儲かる？

シンドラーとキバリアンの実験

●日本人が好きなのは98

長ネギ98円、Tシャツ１９８０円、新築建売住宅４９８０万円……。

新聞の折り込みチラシを見ていると、商品の価格の末尾に98という数字がやたらと出てくる。

２０００円を１９８０円にしたところで差額はたったの20円だが、それでも売り手が努力して少しでも価格を引き下げようとしている印象を受ける。そして実際、この98という数字は消費者の購買意欲を最もそそる数字らしい。

俗に「イチキュッパ」「サンキュッパ」といった言葉もすっかり定着しているが、こういう心理効果はもちろん日本人以外にも起こりうる。

研究者のシンドラーとキバリアンは、端数の持つ効果についてアメリカで次のような実験を行った。

まず、女性用衣料のカタログを3種類用意する。どれも掲載されている商品は同じだが、価格の末尾が「00」の1冊を基準とし、残りの2冊は価格の末尾をそれぞれ「99」、「88」と値引きした数字に変えた。

たとえば、同じブラウスをカタログAは10・00ドル、カタログBは9・99ドル、カタログCは9・88ドルというように、すべての商品の端数をそろえたのである。

これをそれぞれ3万人ずつにランダムに送付し、その注文内容を確認すると、末尾が00と88のカタログの注文数はあまり差がなかったが、末尾が99のカタログが最も注文数が多く、売上高も大きかったことがわかった。

ちなみに、まったく別の実験例で1着34ドルの洋服を39ドルに値上げして売ったところ、それまでの3倍の注文があったという話もある。

また、アメリカのみならず、フランスでも2フランのパンケーキの価格を1・99フランに値下げしただけで、注文数が13パーセント以上も増えたという実験結果があった。

8なのか9なのか、どんな数字を好むかというのはお国事情があるかもしれないが、端数にお得感を得るのはどうやら各国共通のようなのだ。

●端数を使うと信憑性が増す

ところで、こうした心理は「端数効果」と呼ばれるものだが、これは日常生活のあらゆるシーンで活かすことができる。

たとえば、取引先に自社で開発した製品をプレゼンする時に、「消費者の80パーセントが満足しています」とキリのいい数字を並べるよりも、「80・5」のようにきっちりと端数をアピールするほうがいい。

たとえ正確には79・5だったとしても80に繰り上げず、あえて端数のままにしておくのだ。そのほうがリアリティが増して信憑性《しんぴょうせい》は上がる。これも端数効果のひとつである。

また、人の年齢に関しても29歳と30歳、39歳と40歳ではイメージはだいぶ変わってくる。29歳、39歳はれっきとした20代、30代で、大台にはまだ届いていないという印象を与えることができる。今はアラサー、アラフォーなどという言い回しがあるが、これはある意味、そのあたりのデリケートな心理効果の副産物かもしれない。

たかが数字、されど数字。ほんのわずかな差でも、端数をどう使い分けるかで受け手の行動に大きな影響を与えるのである。

「レストランでの交渉」はどれだけ心理効果がある？

ジャニスらの実験

●飲食の快感が心理状態に影響を及ぼす

「飲みニケーション」などと呼ばれる日本独特のアフターファイブのつき合い方は、時代遅れだと揶揄《やゆ》される時代になった。

しかし、酒席をともにするというこのやり方は、使い方によってはじつに有効な交渉術になる。

アメリカの心理学者ジャニスらによる実験では、学生をスナックとジュースを飲み食いしながら論文を読むグループと、何も飲み食いせずに読むグループの２つに分けて、その主張について考察してもらった。

すると、飲み食いをしながら論文を読んだグループの学生は、論文の主張を受け入れて自分の意見を修正する者が多くなったのだ。

これは、スナックとジュースによってもたらされたプラスの感情が、論文の内容とも結びついて主張を受け入れやすくなったのだと予測されている。

つまり、酒席や会食の席で美味しいものを食べている時は、その席で交わされる会話についてもポジティブな印象を持ち、それをスムーズに受け入れる可能性が高くなるといえるのだ。ジャニスはこれを「フィーリング・グッド効果」と名づけた。

●交渉は飲食の席で

この心理現象を利用しているのが「ランチョン・テクニック」だ。

会議室などで向かい合って話すと相手が身構えてしまって警戒心を抱いてしまうことが多いが、気軽なランチやコーヒーを飲みながら話すと受け入れてもらえる確率が上がることはよく知られている。

このことから、「頼みごとや難しい交渉は、飲み食いしながら行う」というランチョン・テクニックは交渉が上手な人の常とう手段となっている。

長年続いてきた風習にはそれなりの理由があるものだ。外国風にいえばパワー・ランチやパワー・ブレックファーストといったようなものだが、日本の飲みニケーションにも一定の理があるというわけである。

Chapter 4

「あの人の気持ちがわからない」がなくなる――

恋愛のカラクリを解く心理実験

高価なプレゼントほどじつは嬉しくない？

ガーゲンらの実験

●〝お返し〟できないモノは重たい⁉

好意を持っている人に何かをプレゼントして喜ばせたいと思うのは、誰もが持っているごく自然な気持ちである。

だが、このプレゼント選びがなかなか難しい。喜んでもらうつもりで贈ったのに、逆にドン引きされてしまうこともあるからだ。

かといって「自分は贈り物のセンスがない」から、とにかく高価なモノを贈れば気に入ってもらえるだろうという考え方もＮＧだ。

なぜなら、高価すぎる贈り物をすると、相手は「どうしてこんなに高価なモノを⁉」と警戒心や疑念を抱くからだ。

そのうえ「何をお返しすればいいだろう」と悩んでしまい、そのこと自体が重荷になるからである。

これについてガーゲンらは、アメリカ、スウェーデン、日本の男子大学生、それぞれ60人を対象にして実験を行った。

まず6人1組でゲームをしてもらい、1人にチップを40枚ずつ渡す。ゲーム終了後にチップは現金と引き換えられることになっている。

このゲームは巧みに操作されていて、参加者はそれぞれ手持ちのチップが減っていき、自分が最下位だと思い込むように仕組まれている。

そして、いよいよチップが底を尽きるという時に、10枚のチップとメモが入った封筒が手渡される。

封筒の送り主は、他の5人のゲーム参加者のうちのひとりという設定になっているのだ。

メモには、

A「私には不要だから、このチップは返さなくていい」
B「ゲームに勝ってチップが増えたら返してほしい」
C「利子をつけて返してほしい」

という3つの内容のどれかが書いてある。

この結果、アメリカと日本の男子学生はBのメモに魅力を感じ、スウェーデンの男子学生はCのメモに最も魅力を感じたという。

●おいしい話は警戒されがち

注目してほしいのは、どの国の学生もAにはあまり魅力を感じなかったことだ。Aの内容はチップの返却義務がまったくない。つまり、無償でチップをくれるというものだ。

一見すると〝おいしい話〟のように聞こえるが、だからこそどの国の学生も「うまい話には裏がある」「タダほど高いものはない」と警戒心が働いた。

借りたモノを返さなくていいという条件には貸したほうにどんなメリットがあるのか、何か魂胆があるのではと疑念を抱いたのだ。

一方で、BやCには〝借り〟を返す必要がある分、学生は相手の好意や意図にそれほど負担を感じることがなかったようだ。

つまり、人は一方的に相手から何かを受け取るより、相手に同等の〝お返し〟ができるやり取りのほうが好ましいと感じるということだ。

男女関係でも、好意を示したいからといって恋人でもない相手に高価な指輪やバッグをいきなり贈れば、下心があるのではと勘繰られてしまう。

食事に誘う場合でも同様で、最初から高級ホテルのレストランでフルコースをご馳走しようとすれば、それ相応の見返りを期待されているのではと警戒して誘いを断ってくることも考えられる。

だから、プレゼントをするなら〝ほどほど〟の値段のモノを贈るのが無難な選択だといえる。

それほど値が張らないモノなら、相手も同等のモノを返せばいいと考えて気軽に受け取ってくれる可能性が高い。

そうしたやりとりから相手の気遣いや思いやりを感じとって男女の仲も進展していくのである。

不安を抱えていると人恋しくなる？

シャクターの実験

●不安な時は誰かと一緒にいたいもの……

近所で凶悪な強盗事件が発生したというニュースを耳にしたら、自宅にひとりでいることに不安を感じる人も多いだろう。

心理学では、ひとりでいるよりも「誰かと一緒にいたい」と思う欲求のことを「親和欲求」という。この親和欲求は、不安や恐怖感が強くなればなるほど高まるといわれる。

そのことを実験したのが、アメリカの心理学者のシャクターだ。被験者となったのは、女子大生である。彼女たちは電気ショックを与える装置の前に集められ、電気ショックの効果について実験するというウソの情報を伝えられた。

この時、ひとつのグループには「電気ショックは肌を傷つけたり、人体に大きな影響を及ぼしたりしない」ことを強調して安心感を与え、もうひとつのグループには「とても不快で苦痛を伴うかもしれない」ことを強調して不安感を与えた。

そして、電気ショックを与える準備をする間に個室でひとりで待つか、大部屋でほかの被験者たちと一緒に待つか、どちらかを選択させた。

この結果、不安を煽《あお》られた女子大生のグループのほうが、大部屋の中でほかの被験者たちと一緒に過ごす選択をした学生が多かったのである。

●親和欲求で男女関係も密接に!?

同じように、男女の関係も不安や恐怖感が強くなるほど密接になることがある。大規模停電のあとにベビーブームが起こるという現象はその典型的な例だろう。パートナーと強く結びつくことで、停電の不安や恐怖を和らげようとしているかもしれない。

逆に考えれば、不安を抱えている相手は人恋しくなっているということだ。

気になる相手が心配ごとや不安を感じているようなら積極的に相談に乗ってあげるなど、親和欲求を満たしてあげるといい。安心感を与えることで絆が徐々に深まっていき、2人の仲をより親密な関係に進展させられるかもしれない。

破局するかどうかは「会話」に表われていた？

ゴットマンの実験

●激しい口ゲンカが離婚に結びつくわけではない

３組に１組が離婚するといわれている昨今、夫婦関係がうまくいかずに悩んでいる人は多いはずだ。大きなケンカはしなくても、ふだんからささいな不満を積み重ねることで毎日言い争いになってしまう夫婦は少なくない。

結婚と家族問題の研究で有名なアメリカの心理学者ゴットマンによると、離婚にいたるカップルはすでに新婚時代から会話の中に破局の兆候が読み取れるという。

ゴットマンは１３０組の新婚夫婦を対象に夫婦の会話などを分析、彼らが６年後にも幸せな結婚生活を送っているかを調査した。

まず、調査の対象になる新婚夫婦には、研究所の実験室で週末を過ごしてもらう。

この実験室は一見すると普通のマンションの一室のようだが、ビデオカメラを通して2人の様子を研究者が見ることができる。

この部屋で、夫婦の間でケンカの種になっている問題を解決するように話し合ってもらうのである。話し合う時間は15分間。その間のストレス度や脈拍数、会話の内容などを記録するのだ。

この調査の結果、6年後に結婚生活が破綻していたカップルは会話の中に次のような要素が多かった。「最初から相手に対して否定的」「非難の言葉が多い」「侮蔑する」「自己弁護や言い訳をする」などである。

●離婚にいたるNGワードとは

ゴットマンは、不満を言うのと非難するのは違うと指摘している。不満は「どうしてお風呂掃除をしておいてくれなかったの?」などと行動に対して文句を言うものだが、非難は「だからあなたは自己中心的でダメなのよ!」と、相手の人格まで中傷する行為だからである。

自己弁護も度がすぎると「ぼくのせいじゃない!　君が無責任だから」と相手を責めるようになる。こういう険悪な口ゲンカが続くと、やがて相手と向き合うよりも避けるほうが楽だと考えて結婚生活が破綻するというのだ。

結婚をスタートした時から相手を否定し、非難し、侮蔑していけば、雰囲気はどんどん険悪になって、最悪の結果に終わるのは当然といえるだろう。

ゴットマンによれば、たとえ激しい口ゲンカを繰り広げたとしても、話している最中に非難や侮蔑、自己弁護が少なかったカップルは6年後も幸せな結婚生活を送っている割合が高いという。「ケンカするほど仲がいい」とはいうが、それもケンカのしかたと内容によるということだ。

お互いの不満を発散させるためにも口ゲンカをするのは問題ないが、相手に極度の精神的ストレスをかけるような言い合いは不幸を招くだけなのである。

ちなみに、ミシガン大学のバーブルッグとハウスらの研究によれば、不幸な結婚生活を送っている人は病気にかかる率が高く、幸せな結婚生活をしている人よりも寿命も短くなるという。

それだけ夫婦間でのいざこざは、心身に大きなダメージを与えるということだ。

できれば末永く円満に暮らしたいと願っている人は、ふだんの会話の中で相手を追い詰めるような言い方をしていないか改めて見つめ直してみてはどうだろうか。

思い当たるフシがあれば今からでも改善してみると、相手の態度も軟化して恋人同士の頃のような仲のいいカップルに戻れるかもしれない。

「見た目」よりも大事なのは「匂い」だった？

ハーツらの実験

●女性は男性よりも匂いに敏感

異性との素敵な出会いのために、見た目に気を配る人は少なくない。特に、合コンの前などは出席者から好まれそうな髪型やファッションをチェックして、外見をバッチリ整えてから参加する人がほとんどだろう。

しかし、モテるためにはルックスを磨くだけでなく、あるポイントが重要になってくる。それは「匂い」だ。

嗅覚心理学者のレイチェル・ハーツらは、ペンシルヴェニアの大学に通う男子学生と女子学生に、恋人を選ぶ時に視覚・聴覚・触覚・嗅覚のうち、どの感覚がどれだけ重要かを調査した。

すると、男性では視覚と嗅覚を挙げた人が多かったのに対し、女性では嗅覚を重視している人が最も多かったのである。つまり、異性と接する時に、男性は「見た目」と「匂い」、女性はとりわけ「匂い」を気にしているということだ。

●体臭と遺伝子の深い関係

なぜ、匂いがこれほど異性を惹きつけるのか。これには、遺伝子の相性が関係するという説もある。人には、HLA遺伝子という免疫力に関係する遺伝子がある。父親から1組、母親から1組を受け継いで一対となりHLAの「型」ができあがるのだが、この型が異なるほど免疫力が強い子孫を残せるという。

ところで、このHLA遺伝子は体臭に影響を与え、HLA遺伝子の型が違う相手の匂いを「いい匂い」だと感じるそうだ。

スイスの動物学者であるヴェーデキントは、44人の男子学生に2日間、昼夜同じTシャツを着てもらい、その後50人の女子学生にそのTシャツの匂いを嗅いでもらうという実験を行っている。

すると、女子学生は自分とは最も配列の異なる遺伝子の男子学生の匂いを好ましいと感じるケースが多かった。強い子孫を残したいという生物学的な本能が、見た目の好みとは別にベストなパートナーの匂いを敏感に嗅ぎ分けるというわけだ。

「ほめたあとに注意」は印象を最悪にする？

アロンソンとリンダーの実験

●相手を好きになってしまう態度とは

ある女優が、「この人だけはどうも好きになれないという人がいたら、その人もきっと自分のことが好きではないのだろうと考えるようにしている。そうすれば、それほど気にならなくなる」とインタビューに答えていたことがある。

たしかに、「他人は自分を映す鏡」といわれるように、苦手だと感じている相手がやはり自分のことを苦手に思っているということは往々にしてある。そして、その逆もまたしかりだ。

そう考えると、人を好きになったり嫌いになったりするのは、相手の言動に左右されているのかもしれない。

そこでアロンソンとリンダーは、このような人間心理は好意の「報酬」に関係しているのではないかと仮説を立て、ある実験を行った。

実験に協力したのは80人の女子大生で、まず彼女らを2組に分けて1組には助手になってもらった。

そして、もう1組の女子大生には助手となった女子大生に7回会い、相手の印象を報告してもらうことにした。

助手のほうには、もう1組の女子大生に会う時の態度に指示が出されている。

それは、

① 一貫して相手を肯定する
② 相手をいったん否定しておいてから肯定する
③ 肯定的な言動をしたあとで否定する
④ 一貫して相手を否定する

この中からひとつ選び、いつも同じ態度をとり続けるというミッションだ。

こうした態度を取り続けられたほうは、最終的に相手にどのような気持ちを抱くのかを調査したのである。

●手放しでほめないほうがいい

アロンソンらは、自分を肯定する態度や意見のことを「報酬」と考え、これを与えてくれる相手に対して人は好意を持つのではないかと考えていた。

となると、①のように自分のことを一点の曇りもなく常に肯定してくれる人が一番好意を持たれるはずである。

しかし、結果はそうではなかった。

じつは、助手でないほうの女子大生が最も好意的に感じたのは、②の相手をいったん否定しておいてから肯定するという態度だったのだ。

はじめに、「あなたは話が面白くない」などとけなされたあとに、「でも、知的さを感じる」というようにほめられると、手放しでほめられるよりも相手への好意が高まったのだ。

また逆に一番嫌われるのは、④の一貫して相手を否定する態度ではないかと予測しがちだが、こちらも結果は違っていた。

なんと③の肯定的な言動をしたあとで否定した助手が、最も嫌われるという結果になったのだ。

たしかに、会うたびに自分を否定するようなことを言う人に好意を持つなどあり得ない。

とはいえ、最初にさんざんほめあげておいて、あとから難癖をつけられると、あのほめ言葉はウソだったのかと落胆する。そんなうさん臭さを感じる心理が結果に表れたとも考えられるのだ。

逆に、自分のよくない部分を指摘されたあとに肯定されるほうが、「包み隠さず本当のことを言う人だ」と信頼感もアップするというものだ。

そう考えれば、しばらく〝ほめて伸ばす教育〟なるものがもてはやされてきたが、やはり何をやってもほめるだけでは本当の信頼関係を築くのは難しいのかもしれない。

ボディタッチで男性にどんな効果があるのか？

グーギャンの実験

●軽く腕に触れられると……？

ただの友人だと思っていた女性がふと自分の腕や肩に触れてきたり、合コンで初めて会った女性がさりげなく手に触れてきたりしたら……。たいていの男性は「オレに気があるのかな？」「これは脈アリ!?」と早合点してしまうにちがいない。

実際、フランスの心理学者グーギャンの実験によると、男性は女性からボディタッチをされるとその気になることがわかっている。

この実験は夜のバーで、18歳～25歳の男性を対象として行われた。

まず、先に20歳の女性をバーに待機させ、あとから1人で入店してきた男性に声をかけさせる。女性は、男性に「キーホルダーが固くて鍵をまとめられないから手伝ってほしい」とお願いする。そして、手伝ってもらったあとにお礼を言って自分の席に戻るのである。

この時、お礼を言うだけのパターンと、お礼を言う時に軽く腕に触れるパターンの2つの状況を用意し、そのあと何人の男性が彼女に声をかけてくるかを調べた。すると、お礼を言われただけの男性では15パーセントにとどまったのに対し、ボディタッチされた男性では34パーセントが女性の席まで声をかけにきたのである。

●触れたことで好感度が上がる

実験からもわかるように、男性はボディタッチをされるとその女性に好感を抱くことが多いようだ。

ということは、好意を寄せている男性を振り向かせたかったら、軽くボディタッチすることから始めてみてもいい。それまでは恋愛対象外だった女性でも、ボディタッチの効果で恋愛対象として見てもらえる可能性がでてくる。

だからといって、あまりにベタベタと触るのはＮＧだ。なれなれしい女性が苦手だという男性もいれば、男慣れした女性だという誤解を与える恐れもある。

また、男性から女性へのボディタッチは、恋人同士でもない限りセクハラだと勘違いされるリスクが高いのでやめたほうが無難である。

会えば会うほど好きになるってやっぱり本当？

ザイアンスの実験

●毎日見かけるあの人を好きになる法則とは？

毎朝のように駅で見かける人に親近感を持ったり、好きになったりする――。そんな、映画や漫画のストーリーのようなことは現実に起こり得るのだろうか。

このような、同じ人と接触する回数と好意の関係について調べたのがザイアンスの「単純接触効果」の実験だ。

実験では、ある大学の卒業生の写真を12枚用意した。これらの写真を2枚1組にして学生たちにランダムに見せていくのだが、写真の組によって見せる回数を変えている。

たとえばA組の写真は0回、B組は1回、C組は2回、D組は5回、E組は10回、F組は25回というように、6種類の条件を設定したのだ。

そして、計86回写真を見終わったあと、学生にどの写真の人物を好意的に思ったかを聞いてみた。すると、10回以上見た写真の人物を好意的に思った学生が多かった。写真を見た回数と好意的な感情の高さは、みごとに正比例していたのである。

この実験結果は、「ザイアンスの法則」として広く知られるようになったのだ。

●会うだけで好意を抱かれる条件とは

しかし、単純に接触回数が増えるだけで相手に好意を寄せるのならば、家族や会社などの人間関係はハッピーであるはずなのに、実際はそうとも限らない。

逆に、会えば会うほど嫌いになるということもある。なぜなら、ザイアンスの法則には忘れてはならない〝大前提〟があるからだ。

それは、接触する相手に対してニュートラルな気持ちか、もしくは多少の好意を寄せている状態でないと単純接触効果は発揮されないということだ。

すでに多少なりとも嫌悪感を抱いている相手なら、会えば会うほど嫌いになる。迷惑だと思っている相手から何度も電話がかかってきたり、メールが届けばますます避けたくなるのはそのせいだ。

そういう点でいうと、ストーカーにはまさに悪循環な法則なのである。

「手をつなぐ」がストレスに与える影響とは？

コーアンの実験

●夫とのスキンシップは不安を和らげる？

新婚時代にはいつも手をつないで外出していたのに、結婚して何年か経つと手をつながない夫婦が日本では少なくないそうだ。

子供の誕生がきっかけになることも多い。たしかにベビーカーを押したり、子供と手をつないだり抱っこしたりするためか、夫婦で手をつないで歩く機会は物理的に減る。そのあとに子供が成長しても、今さら気恥ずかしくて手なんかつなげないというわけだろう。

しかし、カップルにとって手をつなぐという行為は愛情を確かめ合う以外にも大切な役割を持っているという。

それはストレスを和らげる効果である。アメリカのヴァージニア大学の心理学者コーアンは、パートナーと手をつなぐことで精神的なストレスを軽減できるかどうかを実験した。

被験者は夫婦関係に満足しているカップルである。実験では、

① 誰とも手をつながない
② 見ず知らずの男性と手をつなぐ
③ 夫と手をつなぐ

という3つの条件の下で妻の足首に軽微な電気ショックが流れるようにし、脳の変化を調査した。

実験の結果、電気ショックによるストレスが最も少なかったのは、夫と手をつないでいる状況だった。

次が見ず知らずの男性と手をつないでいる状況で、最もストレスが大きかったのは誰とも手をつながない状況だったという。

カップル間でのスキンシップは愛情確認だけでなく、精神的な安らぎにもつながっているというわけだ。

また、パートナーと手をつないでいるとストレスだけでなく、体に感じる痛みも軽減するという調査結果も出ている。好きな人と手をつなぐことの効果は計り知れないのだ。

●スキンシップが愛情を深める

幼児期に親や家族と親密な触れ合いが少ないと、大人になってから他人を愛したり親密に接したりするのに影響が及ぶ場合があるという。

スキンシップの重要性は、アメリカの心理学者ハーロウのアカゲザルを使った実験からもわかる。

ハーロウは生まれたばかりのアカゲザルの赤ちゃんを2つのタイプの人形で育てることにした。

① 木型を柔らかいスポンジゴムと布で覆った温かみのある母親人形

② 針金でできた母親人形で、こちらには哺乳瓶が取りつけられていて赤ちゃんザルはミルクをもらうことができる

実験の結果、アカゲザルの赤ちゃんたちは布製の柔らかい母親人形を好んだ。針金の母親人形からミルクをもらっても、布製の母親人形のほうに明らかに愛着を示したのである。

赤ちゃんザルにとっては食べ物を与えてくれる相手より、柔らかく安心感を与えてくれる相手のほうが重要だったのだ。この実験からも愛情はスキンシップによって形成されていくのだと考えられる。

最近の研究ではスキンシップをすると〝ラブホルモン〟とも呼ばれる「オキシトシン」というホルモンが脳内から分泌されることがわかっている。

男女関係においても、このオキシトシンが相手への愛情を深め、強い信頼関係を築くのにひと役買っているという。

そういえば最近手をつないでいないなと感じたら、恥ずかしがらずに手をつないでスキンシップを図ってみてはどうだろうか。

恐怖感からくるドキドキが恋愛感情に結びつく？

ダットンとアロンの実験

●スリリングな状況下では相手をより魅力的に感じる!?

ドキドキと胸が躍る気持ちは、恋愛の醍醐味のひとつでもある。相手に出会った瞬間からドキドキ感が止まらなくなって「ひょっとして、一目惚れしたにちがいない」という経験がある人もいるだろう。

しかし、時と場合によっては、そのドキドキした気持ちが恋愛感情だとは限らないから要注意である。

というのも、人は危険や恐怖を感じた時の生理的な反応としてのドキドキと、恋愛感情のドキドキを勘違いしてしまうことがあるからだ。

カナダの心理学者であるダットンとアロンが１９７４年に行った「吊り橋実験」によってもそのことがわかる。

この実験は、2つの異なるシチュエーションで行われた。

ひとつは、深い峡谷にかかる不安定な吊り橋の上で、そしてもうひとつはコンクリート製で手すりもしっかりとした安全な橋の上である。

この2つの橋を18歳から35歳までの男性に渡ってもらうという寸法なのだが、橋の反対側から美人の女性インタビュアーに渡ってもらい、どちらの橋でも途中で彼女と出会うように仕組んである。

女性インタビュアーはあたかも偶然に橋の上で出会ったかのようにふるまい、あるイラストを彼らに見せ、イラストを見て浮かんだ印象を物語にしてもらうように彼らにお願いする。

そうしてインタビューに協力してもらったお礼の言葉に加えて「もっと実験についての詳しい説明をしたいので、都合がいい時にここまで電話してくださいね」と言って、男性に電話番号を書いたメモを渡すのだ。

このあと、女性インタビュアーに電話をかけてきたのは、危険な吊り橋を渡っていた男性の18人中9人で、一方の安全なコンクリートの橋を渡っていた男性のほうは16人中2人だった。

つまり、女性インタビュアーに魅力を感じて「もう一度話してみたい」と思った男性が不安定な吊り橋の上では半数もいたのに対し、安全な橋の上ではわずか8分の1だったのである。

●ドキドキの取り違えには要注意

橋の上での実験結果にこれほど大きな差が生じたのは、生理的な反応による違いだと考えられる。

不安定な吊り橋を渡っている時は、緊張感や恐怖によって心臓の鼓動が早くなる。この生理的なドキドキを、美人インタビュアーに出会ったことによるドキドキと取り違えて相手をより魅力的に感じてしまうからだ。

一方、安全な橋の上だと恐怖によるドキドキ感が薄いから、相手の人となりを冷静に見極めることができるわけだ。

ところで、この実験にかかわらず、人は生理的な反応と自分の感情を誤って判断してしまうことがよくある。

たとえば、スキー場でロマンスが生まれやすいのも同じことだ。

スキーやスノボをして体を動かすと心拍数が上がる。そんな時に異性と出会うと、運動後のドキドキと恋愛感情のドキドキを取り違えて「これは恋かも……」と気持ちが高ぶってしまう。可愛さやカッコよさが3倍増しになる、いわゆるゲレンデマジックのなせるワザだ。

ふだんとは違うスキーウェア姿や雪山の風景なども、相手をいつも以上に魅力的に見せるアイテムとしてひと役買っているのだろう。

●生理的な反応が収まると……

いずれにしても、感情の取り違えから始まる恋愛の場合は、ふだんの状況に戻れば急激に熱が冷めてしまうのはしばしばあることだ。

スキー場から都会に戻ってみて、普通のサラリーマン姿の彼と仕事帰りに会ってみれば「ゲレンデでの印象と違う。こんなはずじゃなかったのに……」なんて、がっかりするのはよくある話だ。

「異常な状況下で結ばれた男女は長続きしないのよ」とは、アメリカのアクション映画『スピード』の中で主人公と恋に落ちるヒロインが放ったセリフである。

生理的なドキドキと恋愛のときめきを読み違えていれば、確かに長続きしないかもしれない。ふだんの生活の中で再び相手と出会って「やっぱり素敵だ」と、胸がときめくようならめでたしめでたしなのだが……。

「人は中身か外見か」は実験で明らかになっている？

スナイダーらの実験

●別人の写真を見せてから顔を見ずに話をすると……

昔から「人間は見た目ではない、中身だ！」といわれる。見た目に自信のない者にとっては多少の慰めになる言葉ではあるが、本音ではどうなのだろうか。

スナイダーらは、被験者の男性にインターフォン越しに10分ほど女性と会話をしてもらい、会話が終わったあとにその女性の印象を聞くという実験を行った。

この実験のポイントは、インターフォンで話す前に男性に女性の写真付きプロフィールを渡すという点だ。しかし添付されている写真は、じつはこれから会話をする相手のものではない。ほかの協力者から美人と判定された写真、もしくは十人並みの容姿とされた写真を貼りつけておいたのだ。

そして、まず女性と話す前に写真を見せて印象を聞いてみた。すると、外見的に魅力のある女性のほうは「社交性がある」や「ユーモアがある」「友好的」などの感想が返ってきた。

一方で、外見的にはそれほど魅力的ではない女性に対しては、「真面目」や「社交性がない」「ぎこちない」などの印象だった。

さて、これらの写真の人物とまったくの別人と会話をした被験者の男性は、会話のあとで女性に対する印象を変えたのだろうか。答えはNOである。

いくら事前に写真を見てイメージができあがっているからといっても、声や話し方、受け答えによって印象が変わるのではないかと思われたがそうではなかった。

●インターフォン越しの男女の会話でわかったこと

やはり、男性は美人（と思っている）ほうに好印象を抱いていたのだった。

インターフォン越しの会話は録音して第三者によって分析されたが、そこでもやはり被験者の男性は外見的に魅力がある（と思っている）女性と話している時のほうが好意的な様子だったと判定された。

これは、相手を美人と信じていた男性が、その女性に対して熱心に話しかけたため、女性のほうも好意的に接したからだ。

一方で、十人並みと思われていた女性の印象は、会話をしたあとでも美人の女性よりもよくなることはなかった。やはり「見た目」で気持ちは左右されるのである。

●見た目は学業の成績をも左右する?!

人は見た目がいいと得をする。それを裏づけるこんな実験もある。

アメリカの心理学者、シンガーは40人の大学教授に192人の女子学生の写真を見せ、外見的な魅力を判断してもらった。

すると、教授らが魅力的だとした女子学生は学業の成績もいいことがわかった。つまり、平たくいえば「美人であれば評価も甘めになる」ということである。

さらに、美人であるというだけで性格もいいだろうと思われたりする。このようにひとつの長所で、ほかの部分の評価も上がることを「ハロー効果」というが、見かけがいいということは十分にハロー効果を生む。

逆にいえば、ルックスがダメなら学歴や肩書がよければ〝ハロー効果〟が生まれるということでもある。

Chapter 5

集団の秘密を明かす心理実験

——集団になるとトタンに変わる人間の本性——

他人の意見はカンタンに変えられる？

アッシュの実験

●白を黒だと言わせるのは意外と簡単!?

8人のグループに2枚のカードが配られた。1枚には線が1本描かれており、もう1枚には長さが異なる3本の線が描かれている。

次に、「この3本の線の中で、もう1枚のカードの線と同じ長さのものはどれでしょうか」と問われた。

カードは2枚とも手元にあるのだから、それを見れば答えは一目瞭然、誰もがパーフェクトに正解できる簡単な問題である。

それなのに、自分以外の人が全員、明らかに間違っている答えが「正しい」と自信満々に言ったとしたら、自分の答えが絶対に正しいと最後までブレることなく貫き通すことはできるだろうか。

このカードの実験を行ったアッシュは、まず8人の学生のうち7人をサクラが占めるグループを50組つくった。問題は全部で18問あり、そのうちの12問でサクラの7人全員がわざと間違った答えを言うという申し合わせになっている。また、被験者の学生が答える順番は7番目にした。

このような状況の中で、1人だけ事情を知らない被験者の学生がどのように答えるのか、その反応を確かめてみたのだ。

すると、50人のうちの約4分の1の学生は、ほかの学生の間違いに影響されることなく正しい答えを選んだ。しかし、約3分の1の学生は周囲の答えに同調して誤った答えを選んだのだ。

●サクラの数は多くなくていい

では、8人のうちの6人をサクラ、2人を被験者にした場合はどうだったかというと、同調して間違った答えを選んだのは10・4パーセントだった。

さらに、7人のサクラのうち1人だけ正しい答えを選ぶ人がいると、被験者は仲間を得たことに安心するためか同調する学生は5・5パーセントにまで減った。

しかし、一度は正しい答えを出したサクラが途中で「いや、やっぱり……」とほかのサクラと同じ答えに寝返ると、被験者の学生もつられて答えを変えてしまうことが多く、その割合は自分以外の全員がサクラだった時とほぼ同じ約30パーセントになった。

このように、明らかにまわりの答えが違っているとわかる状況でも、〝同調〟する人が少なからずいるということだ。

とすれば、もっとあいまいで正解のない、たとえば「反対？」「賛成？」とか「支持する？」「支持しない？」といった問いには、まわりの回答を聞いて流される人がもっと多く出るはずだ。

しかも実験からは、サクラが多ければ多いほどいいというわけではないこともわかっている。1グループのサクラの数を1人〜16人まで増減して実験してみたところ、サクラが3人〜4人の時に一挙に「同調効果」が高まるという結果が得られたのだ。

つまり、3人で「こっちのほうがいい」と言えば、人の意見を思い通りの方向に動かすこともけっして難しいことではないということになる。

逆に言えば、同じ意見を持つ3、4人から説得される場合には、説得されないように自分の意見をしっかりと持っておく必要があるのだ。

協調性が人を弱くする？

ラタネらの実験

●集団になると個人は手抜きをする

１本では簡単に折れる矢も３本束ねれば容易に折れることはない。この「三本の矢」の教えを説いたのは、戦国武将の毛利元就だ。確かに、１人ではできないことも集団で協力すれば成し遂げられるものだ。

しかし、個々の力を最大限に発揮するという点で見ると、疑問符がついてしまうことが少なくない。

集団になると構成員である個人は手抜きをする傾向がある、ということを心理学者のリンゲルマンが発見した。これは「リンゲルマン効果」と呼ばれている。社会的手抜きともいわれるもので、のちにアメリカの心理学者ラタネらによって実証されることとなる。

ところでラタネらの実験では、1人、2人、3人、8人のグループをつくり、それぞれに綱を引いてもらった。そこで、一人ひとりがどれだけ力を出しているか測ったのである。

1人で引っ張る時の力を100パーセントとすると、2人のグループでは93パーセント、3人のグループでは85パーセント、8人では49パーセントとなった。グループの人数が増えていくことで、個々の力が弱くなっているのがわかる。

集団全体として考えれば1人の時よりも大きな力が出せていることで、「みんなでやれば大きな力が出せる」と思いがちなのだが、これは勘違いだということになるのだ。

●協調性が手抜きを助長する

たちが悪いのが、「協調性」という足かせだ。日本人は特に他人と違うことや1人だけ目立つことを嫌う傾向がある。人と足並みを揃えて行動することが美徳とされる社会で育ってきた結果ともいえるだろう。

グループで何かをやる時は、1人だけ目立つことを避けてほかの人の顔色をうかがってしまう。結果として、100パーセントの力を出すことができなくなってしまうのだ。

これは意図したものではなく、社会性の高さが引き起こした無意識の手抜きで、いわば「空気を読んだ」結果でもある。

仮にその集団に能力が高い人がいても、スタンドプレーと思われることを避けようとして、ほかの人のペースに合わせるために持ちうる能力を発揮できない。

作業内容にもよるが、集団で作業する場合は、全員で同じことをするのではなく、それぞれが異なるパートを分担するようなやり方であれば社会的手抜きは起こりにくいだろう。

「みんなで力を合わせて」「みんなで仲良く」というスローガンを掲げても、時と場合によってはかえって能力を発揮できないという結果になる。

作業人数を決める時には、「個人のパフォーマンスを最大限に発揮する」ことを重視するのか、それとも「総合的に大きな力を発揮する」ことを重視するのかを考えて決めたほうがいいということだ。

目撃者が多いほど助けてくれなくなる？

ダーリーとラタネの実験

●無関心や冷淡さだけが原因なのか

大勢の人が見ている中で誰かが危害を加えられていたり、体に異変が起きて苦しんでいるのに、誰一人として助けようともせず警察や病院にも通報しなかった――。

このような痛ましい事件が起きると、テレビやネットでは社会問題として大きく取り上げられて議論が巻き起こる。「他人に対して無関心すぎる」とか「冷淡だ」と非難する声が大きく報道されたりもする。

しかし、誰も助けようとしなかったのは、事件を見ていた人々の無関心や冷淡さだけが本当の理由なのだろうか。

１９６４年のニューヨークで、近隣の40人ほどの住人が女性暴行事件を目撃していたにもかかわらず、誰も警察に通報すらしなかったという無残な事件が起きた。

これをきっかけに、ダーリーとラタネは危機的状況にある人を目の当たりにしながら手を差し伸べないのは状況的な要因もあるのではないかと考え、学生を被験者にした実験を行った。

彼らは、まず「学生生活における問題点に関する討論会」を行うと説明し、被験者となる学生を集めた。

そして、被験者らには1人ずつ異なったグループの討論会に参加させ、いずれも討論中に参加メンバーの1人が発作を起こして倒れてしまうというシナリオをつくった。その時に、被験者の学生はどのような態度をとるのか調べたのだ。

●討論中に急病人が出る

ふつう討論会は参加者が同じ部屋に集まって発言し合うものだが、実験では「気兼ねなく話せるように」と1人ずつ学生を個室に招き入れた。

個室にはマイクとヘッドホンがあり、これを使ってほかの参加者の話を聞いたり発言したりする。討論会に全部で何人の学生が参加しているのか本人には伝えられていない。

そして討論会が始まると、「自分は都会の生活に馴染めなくて、そのせいで時々発作が起きる」と告白する見知らぬ学生の声がヘッドホン越しに聞こえてくる。

さらに、その後も何人かの学生の告白が続き、ヘッドホンとマイクを通した討論会はスムーズに進んでいるかのように思われた。

すると突然、「発作が起きた……」と最初の学生の苦しそうな声が聞こえ、その声は大きくなったかと思うと息が詰まったような音になり、やがて何も聞こえなくなってしまうのだ。

しかし、じつはこの音声はすべて事前に録音されたもので、参加人数を変えて何種類か用意されていたことをもちろん被験者は知らなかった。

●何人が参加していたと思っていたかで異なる反応

急病人が発生したことを悟った時、被験者の学生はいったいどのような行動をとったのだろうか。また、自分が参加しているグループの人数がどれくらいかによって行動に違いはあったのだろうか。

実験では、被験者には討論会に参加しているグループの人数は伝えられていなかったので、被験者の学生はヘッドホンから聞こえてくる声でその数を推測するしかなかった。

そしてその結果、ヘッドホンの向こうにいる誰か1人と1対1で討論していると思っていた学生は、相手が発作を起こしていると確信すると、全員が部屋を飛び出して実験者に急病人がいると知らせた。

しかし、6人グループで討論していたと思っていた被験者の学生で知らせに来たのは62パーセントで、残りの38パーセントは急病人が出たことを報告しなかったのだ。

●目撃者が多いと起こる悲劇

なぜ人は大勢の中の1人になると緊急事態に対する反応が鈍くなってしまうのだろうか。

それは、これだけ人がいるのだから誰かが助けに行っているはずとか、すでに誰かが通報しているだろうという気持ちが働くからだ。これを「傍観者効果」という。

その場にいるのが自分だけなら「何かしなければ」と考えて、行動するのに迷いが生じることはない。だが、ほかにも多くの目撃者がいれば「ほかの誰かが……」と他人任せになってしまうのである。

そのため目撃者が多ければ多いほど、救済の手は差し伸べられなくなってしまうという不幸が起こりうるのだ。

とはいえ、傍観者になってしまった学生がただ見て見ぬふりをしたわけではない。実験で急病人が出たことを知らせなかった学生も、ヘッドホンの向こうで発作を起こした学生がいたことに動揺し、手のひらに汗をかいたり、手が震えるなどの反応を見せていたのだ。

このような傍観者効果は、人口密度の高い地域でも起こりやすい。

ニュージーランドの人口密度の異なる2つの街で、歩道に手紙が落ちていたら何人の通行人がポストに投函せずに通過するのか調査したある学者の実験がある。

その結果は、歩道に落ちている手紙を拾わずにそのまま通り過ぎた人は、小さな町では13・7人だったのに対し、大きな町では25・3人と約2倍の差があったのだ。

同様の実験はアメリカや日本でも行われているが、やはりニューヨークや東京などの大都市圏では、その他の地域に比べて援助行動が少なかった。

このように、自分以外に大勢の人がいると責任は分散されてしまう。だからこそ、何か重大な事件を目撃した時には周囲の人を覚醒させて巻き込んでいく最初の行動が大切になるということだ。

慎重な人なのに集団に入るとリスキーになる？

ワラックとコーガンらの実験

●みんなの意見が正しいとは限らない

２００９年、日本では裁判員制度がスタートした。

専門的な知識を持った法律家たちだけでなく、一般の人も裁判に参加するという制度だが、日本では特定の刑事事件に関して６人の国民が裁判員として選ばれ、裁判官と一緒に判決を下す仕組みになっている。

６人という人数が多いか少ないかはさておき、専門家の知識や経験だけで行われていた判決に一般国民の感覚を持ち込むのが目的で、もちろんそこには複数で話し合って決めれば、よりよい決断ができるという狙いもある。

学生時代もクラスで何かを決める時には一部の生徒の意見に偏らず、みんなで話し合うよう先生に言われただろう。たしかにそのほうが全員が納得するし、少なくとも過激な意見は淘汰され、無難な結論でまとまるはずである。
だが、じつはそうとは言い切れない深層心理が人間にはあるのだ。

●集団になるとリスキーな選択をする

アメリカの社会心理学者であるワラックとコーガンらは、集団決定に関する実験を行った。

その方法は6人1組のグループに分け、合計12の課題について討議するといったものだ。

たとえば、転職に関する課題では、

① 長期雇用の保障はないが、大きな報酬が用意されている。
② 報酬は少ないが、安定は約束されている。

また、病気に関する課題では、

① 命を落とすリスクはあるが、手術が成功すれば完治する。

②　制約が多く窮屈だが、このまま生活することはできる。

このような2つの選択肢を用意し、どちらがより成功の確率が高いと思うか、端的にいえば「どちらを選ぶか」、まずは個人の結論を考えさせる。

そのうえで6人集まり、改めて同じ課題を話し合って全員が一致する答えを導き出させるというやり方だ。

すると、個人の結論ではリスクの少ないほうを選んでいたにもかかわらず、グループで話し合ったら意見が変わる人が続出した。

つまり、個人では慎重に考えていても、集団になるとリスキーな選択をするということがわかったのである。

●戦争もSNSの炎上もコレがかかわっていた?

合議によって思考や判断が危険な方向へと傾くこの現象は、専門的には「リスキー・シフト」と呼ばれており、もともとはアメリカの社会心理学者ストーナーが提唱したものだ。

これには責任が分散されることで過激な意見に走ったりする心理や、多勢に乗り遅れまいとする「バンドワゴン効果」など、さまざまな心理効果が作用している。

1960年代のアメリカがキューバと核戦争を引き起こす寸前までいったのも、あるいはベトナム戦争に介入したのも、政府や軍がこの「リスキー・シフト」に陥ったためだという分析もある。

また身近な例では、SNSで誰かの発言をヤリ玉に挙げるような、いわゆる「ネット炎上」もこれと同じだといわれている。

ふだんはけっして誹謗中傷などしないような人間が、誰が読んでもひどい言葉で書き込みをしてしまうのはよくあることなのだ。

自分ではこんなはずはないと思っても、集団に煽られると慎重で常識的な自分が影を潜め、集団と一緒になって非常識な言動をとりやすくなってしまうのだ。

●冷静さを奪う「集団極性化」

だが面白いもので、人間にはこれとはまったく逆の「コーシャス・シフト」という心理もある。

こちらは意見を出し合ううちに、どんどん無難な方向に考えがまとまっていくことで、たとえば会社の会議などで延々と話し合った結果、たいした策も浮かばず、最終的には当たり障りのない結論に落ち着くような現象のことだ。

リスキー・シフトとコーシャス・シフトは合わせて「集団極性化」と呼ばれる。この現象によって、極端な方向に走りやすいという集団心理が生まれるのであれば、大人数で討議することが必ずしも好ましい結果につながるとは限らなくなる。

裁判員制度の例でいえば、一般参加の裁判員にそのような心理的な傾向が起こり得ないとは限らない。複数で話すからといってベストな答えが出るわけでもないのは誰がみても明らかだろう。

人の心は、いつだって他人との相互作用で天使にも悪魔にもなる可能性があるのだ。

人は公言している通りには行動していない？

ラピエールの実験

●発言と行動は一致しない？

有名人や政治家が差別的な発言をしてブログが炎上したり、辞任に追い込まれることがある。

差別的な発言はもちろん厳しく非難されるべきものだが、しかしその本人が実際に発言したように人を差別する行動をとるかどうかはわからない。

そんな発言と実際の行動との矛盾について調査したのが、ラピエールである。

アメリカで人種差別が公然と行われていた１９３０年、ラピエールは友人の中国人夫妻とアメリカ国内を旅した。

そして、旅を始めて間もなく、ある小さな町で宿泊しようと最高級のホテルに入って行った。だが、この町はアジア系の人に対する差別が強く、ラピエールは中国人夫妻がどう扱われるか内心不安に思っていた。

ところが、そんな心配をよそにホテル側は丁重な扱いで3人を迎え入れ、宿泊させてくれたのだった。ラピエールはそのことに大変驚いたという。

そこで、2カ月後にもう一度そのホテルの近くを通りかかった時に、「このホテルに地位の高い中国人男性は宿泊させてもらえますか？」と聞いてみたという。

ところが、答えはNOだった。このことに興味を持ったラピエールは、もう一度中国人の友人と旅に出て調査と実験をしようと思い立ったのだった。

●9割が公言したのとは違う態度をとった

ラピエールは再び、中国人夫妻の友人とアメリカ大陸を2回横断し、太平洋沿岸を往復するという全長1万6000キロメートルの旅に出た。

この時、友人らには旅の本当の目的を知らせていなかった。意識せず、いつもどおりにふるまってほしかったからだ。

約3年をかけて彼らはホテルやオートキャンプ場、民宿など67カ所の宿泊施設と、184カ所のレストランやカフェを利用した。その中に、中国人夫婦に対して差別的な態度をとるオーナーや従業員はいないか、ラピエールはつぶさに観察していったのだ。

そしてその結果、友人を見て利用を断ったのは1カ所のオートキャンプ場のみで、一瞬だが困惑した表情を見せたのは宿泊施設と飲食店で計2カ所、かなり戸惑った態度を見せたのは計9カ所だった。それ以外の239カ所では、期待通りのサービスかそれ以上の対応を受けることができたのだ。

この長い旅行が終わった後、ラピエールは利用したすべての施設に「あなたは中国人を客として受け入れますか？」という質問の入ったアンケートを送った。するとと51パーセントの回答率のうちの9割が、中国人客を受け入れないと回答したのだ。

そして、おかしなことに実際に中国人客を拒否したオートキャンプ場のオーナーだけが「受け入れる」と回答していたのだった。

これらのことから、人は自ら「○○主義だ」と公言しているからといって、実際に常にそのような態度をとるわけではないことがわかった。どういう態度をとるかは、相手が置かれている状況や自分の立場などによっても変化するのである。

「人助け」をしたくなる気分がある？

カニンガムらの実験

●援助行動と気分の関係を調べた実験

熱狂的プロ野球ファンの中には、ひいきのチームが勝ったうれしさから見知らぬ客にまで生ビールをごちそうするような豪快なおじさんがいるものだ。そこまで気分が盛り上がっていなくても、やはり人は気分がいいと人に対して優しくなる。

では暗い気分の時は、ふつうの気分の時と比べて人にやさしくするのか、しないのか。カニンガムらはこの援助行動について、アメリカのショッピングセンターである実験を行った。

まず、「気分が盛り上がっているグループ」と「気分が盛り上がったあとに落ち込んだグループ」をつくるために、公衆電話ボックスの硬貨返却口に10セント硬貨をわざと置いておいた。

公衆電話を使った時に、たまたま10セント硬貨を拾った人は「気分が盛り上がっているグループ」である。

「気分が盛り上がったあとに落ち込んだグループ」の気分は次のように操作した。10セント硬貨が置かれた公衆電話を使った人の中の数人にサクラが近づき、カメラのシャッターを押してくれと頼む。

そして写真を撮ったあとに、あなたが変な操作をしたからカメラの調子が悪くなったと言ってサクラは去っていく。10セント硬貨を拾って喜んだのもつかの間、罪の意識を与えて気分を落ち込ませてしまうのだ。

そして、公衆電話を使わなかった人たちを気持ちの起伏がなかった「ふつうの気分のグループ」とした。

次に、彼らの前にたくさんの書類が入ったファイルを抱えた人がやって来て、書類を落としてしまう。さて3つのグループの被験者のうち、最も多く書類を拾うのを手伝うという援助行動に出たのはどのグループだったのだろうか。

●テンションが下がっている時も助けたくなる

実験の結果、感情や気分の起伏と、他人を援助しようという気持ちの表れとの関係は如実に表れた。

公衆電話を使わなかった「ふつうの気分のグループ」の中で、書類を拾うのを手伝った人は30～40パーセントだったのに対し、10セント硬貨を拾って「気分が盛り上がっているグループ」の人たちは、その倍以上の70～80パーセントが援助行動を起こしたのだ。

そして、カメラの一件で「気分が盛り上がったあとに落ち込んだグループ」の人たちもまた、70～80パーセントの人が床に散らばった書類を拾い集めるのを助けている。

つまり、人は平常心でいる時よりも、テンションが上がっていたり下がっていたりしている状態のほうが、他人に対して援助の手を差し伸べたくなるのである。

これはおそらく、気分に起伏がある時には、他人の気分により敏感になるからではないかと考えられる。

特に落ち込んでいる時には、困っている人の気持ちが手に取るようにわかるものなのである。

偏見を持たれるのは決まって少数派？

ハミルトンらの実験

●数が少ないほうが目に留まりやすい

赤いユニフォームを着た集団の中に、青いユニフォームの人が数人混じっているとつい青のほうに目がいってしまうものだ。男性ばかりの中に紅一点、女性がいるとどうしてもそちらを意識してしまうのと同じだ。人間は、集団や群衆の中の少数派を意識してしまうものなのだ。

そんな集団の中の少数派の存在について実験したのが、ハミルトンらだ。

実験では、あらかじめ個人に関する情報を書いたスライドを何枚もつくった。たとえば、「サム　Aグループ　地域で子供のためのボランティアをしている」「マイク　Bグループ　怒りにまかせて隣家の柵を壊した」というような内容である。

スライドをつくる際には、AグループにもBグループにも「好意的なコメントがついた人物」と「批判的なコメントがついた人物」が同じ割合に入るように振り分けた。

さらにコメントは好意的なものを多く、批判的なものを少なくして、スライド全体の枚数はAグループを多く、Bグループを少なくした。

そして、これらの条件で作ったスライドをランダムに被験者に見せてから、どちらのグループに好感を持ったかをたずねてみたのだ。

すると、批判的なコメントが書かれたスライドの割合はA、Bとも同じだったにもかかわらず、スライドを見た人にどちらのグループに悪い印象を持ったかとたずねると「Bグループ」と答えた人が多かった。

つまり、全体の中で数の少ない「批判的なコメント」と「Bグループ」に意識が向いたというわけなのである。

●少数派のイメージは誇張して見られている

さらに、同じようにスライドを用いて条件を変えた実験を行うとおもしろいことがわかった。

Bグループの枚数が少ないまま、両グループ全体に批判的なコメントを増やすと、

Bグループに好意を持った人のほうが多くなったのだ。

これは、単純に数の少ないほうが目立ったり、印象に残りやすいということを表している。

同じ制服を着た学校などの集団の中で、少し人と違った格好をしているだけで目をつけられたりするのは、校則を違反しているかどうかよりも、どうしてもそこに目がいってしまうせいなのかもしれない。

しかも、少数派のイメージや特徴的な部分は誇張されやすいこともわかっている。たとえば、アメリカ社会におけるマイノリティ（社会的少数派）であるユダヤ人には「スーパーリッチ」というイメージが根づいているが、もちろんアメリカのユダヤ人のすべてが大金持ちというわけではない。

しかし世の中の差別や偏見は、このような少数派への関心と誇張された印象によって生まれることが多い。

今、欧米各国で起きている移民を排除する動きや、特定の民族への憎悪をあおるヘイトスピーチの裏側にも、このような人間心理が少なからず働いているといえるのだ。

優位に立つよりも〝協力する〟でないと利益はでない？

ドイッチとクラウスの実験

●妨害か協調か

ビジネスシーンにおける取引や交渉ごとでは、しばしば利害の対立という問題が起きる。自分や自分の会社にとって利益になることが、相手や他社にとって害になるというケースだ。

単純に競合している相手であれば、先方の事情を〝忖度《そんたく》〟することなく自分の利益を追求していってよさそうなものだが、じつは必ずしもそれが最も利益を上げる方法とは限らないのだ。

交渉時にどのように動けば一番有益なのかを示した有名な心理実験が、アメリカの心理学者ドイッチとクラウスによる「トラッキング・ゲームの実験」だ。

これは、2人の被験者がそれぞれトラックで荷物を運ぶ運送係という設定でゲームをする。別の地点からそれぞれの目的地まで荷物を運ぶのだが、その際に取れるルートは2つずつで、最短距離と回り道だ。

回り道を選べば互いのルートは交錯することはないのだが、最短距離はルートの一部が重なっているうえに、1台のトラックしか通ることができない。ちなみに、交錯する地点の両端には開閉できるゲートがあり、互いの通行を妨害できる。

1回の運送では、基本料金60セントの運賃から1秒につき1セントの運行費を引いたものが利益となる。

つまり、運行時間が早いほど利益が多くなるという条件なので最短距離を行くのがベストだが、鉢合わせしたらどちらかが後退するか、立ち往生することになる。

この条件に加えて、次の3通りの付帯条件をつけて実験を行った。
A　双方の被験者ともにゲートを使える。互いが相手への威嚇《いかく》手段を持っている
B　片方の被験者のみゲートを使える。片方が一方的な威嚇手段がある
C　2人ともゲートを使えない。互いに威嚇手段を持たない

●安心できる協調関係が利益を生む

じつはこの3パターンの実験では、利益が出たのはCの場合のみなのだ。AとBでは、額の差はあるが両者とも赤字になっている。AもBも、相手が威嚇手段を持っていることで、それに反撃しようとか抵抗しようという意識が強くなる。

特にBの場合は、一方が圧倒的に優位にあることでかえって他方の反発心や対抗心を増大させてしまい物ごとがスムーズに働かないことがわかる。

そこへいくとCの場合は、互いに相手が妨害工作をしないことがわかっている。その結果、譲り合って調整し合うという協調関係ができあがり、双方がともに利益を上げられるように動くという結果になるのだ。

この実験結果を交渉術に当てはめると、互いに1つのパイを奪い合う「ゼロサム思考」よりも、新たな価値を生み出してそれを分け合う「プラスサム思考」への転換がベターということになる。

どちらか一方だけが得をするという結論を導き出すのは賢いやり方ではなく、妥協点を見出してお互いが得するようなWin-Winのやり方が理想的というわけだ。

助け合うことがより多くの利益を生み出せるのであれば、双方が満足できる結果を得られる。その後の関係にもプラスに働くのは目に見えているだろう。

他人が見ていると能力が上がるのは本当か？

オルポートらの実験

●自転車レーサーは伴走者がいると記録が伸びる

仕事や勉強で集中したい時には、静かな場所に1人で籠《こも》るのが一番いい。そう思っている人は多いかもしれない。

しかし、実際には1人でいると意外と集中できなかったりするものだ。

特に、今はネットやゲーム、メールも気軽にできるスマホが常にそばにある。誰にも見られていないと思うとつい手を伸ばしてしまって、あっという間に1、2時間をムダに過ぎてしまうこともめずらしくない。1人でいるよりも、むしろ他人の目があったほうが作業が効率的に運ぶことのほうが多いのだ。

それを実験で証明したのはトリプレットで、彼が最初に着目したのは自転車レースでの記録だった。

自転車レースでは単独で走った時よりも、伴走者と一緒に走ったほうが一般的に記録が上がる。これを見て他者の存在が記録アップに貢献していると考えたのだ。

そこでトリプレットは1898年に、のちに最も古い社会心理学実験と呼ばれる「糸巻き機による実験」を試みた。

釣り竿のリールを改造した糸巻き機をつくり、1人で巻く場合と、2人並んで巻く場合とでは、巻き終わるまでの時間にどれだけ差が出るのかを調べたのだ。

すると、1人で糸巻き作業をした時よりも、2人一緒に作業をした時のほうがスピードアップするという結果が出た。

●不慣れな作業はスピードダウンする

この実験のように、共同作業者がいることで作業効率が高まることを、のちのオルポートによって「社会的促進」の「共行為者効果」と呼ばれるようになる。

また、スポーツなどでは、一緒に作業をしなくても見物人がいるだけでも記録が伸びることが多い。これは「見物効果」や「観衆効果」といわれている。

そして、さらに実験を展開させ、オルポートらは他者の目を意識することによって結果が悪くなることもあると突き止め、この現象を「社会的抑制」と呼んだ。

結果が悪くなるのは、慣れない作業や複雑な問題にチャレンジした場合だ。自分の得意分野であれば、みんなにその実力を見せたいといった意識が働くが、ふだんからやり慣れていないことを人前でするのはそれだけでプレッシャーがかかる。

そのため、人が見ていると作業が遅くなったり、失敗したり、いい点数が出せなくなったりしてしまうのである。

この社会的促進と社会的抑制についてはザイアンスも検証を行っている。

ザイアンスはビリヤード場に行き、玉突きのうまい2人組のテーブルと、うまくない2人組のテーブルを選んでゲームを見学し、ショットが決まる確率を調査した。

さらに、今度は各テーブルのそばに4人の研究者をおいてゲームを観察させ、ショットの成功率の変化を調べてみたのだ。

すると、上手な2人組のショットの成功率は9パーセント上がり、うまくないほうは11パーセントも下がってしまった。

まさに、腕に自信があれば見られていることで実力を発揮し、そうでなければ成功率が下がってしまうことがわかったのだ。

スポーツではオリンピックなどの大きな大会で自己ベストを出す選手も少なくないが、これなどはまさに社会的促進による効果なのである。

仲間意識が強くなるほど敵をつくる？

シェリフらの実験

●対立する集団はどんな行動にでるのか

１９６０年代にシェリフらが行った「泥棒洞窟実験」という、ちょっと恐ろしげなネーミングの心理実験がある。これは、泥棒洞窟と呼ばれるキャンプ場で3週間のサマーキャンプを行い、集団と集団の間で起こる「集団間葛藤」という現象について調査したものだ。

実験で被験者となったのは11歳と12歳の少年たち20人ほどで、全員が初対面である。

シェリフらは事前に彼らを同じ人数の2グループに分けて、別のグループがいることをわざと知らせなかった。そして、まずは自分たちのグループに名前をつけるように課題を出してキャンプをスタートさせた。

キャンプの過程は3段階に分かれていて、最初の1週間はハイキングなどを通じてグループ間の交流を深める。

2週間目に入ると、ほかにもう1組キャンプに来ているグループがいることを知らされて、はじめて対面する。さらに、勝ったほうのグループだけが優勝カップなどの賞品がもらえる対戦を行う。

そして、3週間目には2つのグループが協力しなくては達成できない目標を与えることになっている。

実験のポイントは、1週間目にそれぞれのグループの仲間と楽しく過ごし、仲間意識を高めておくことだ。そのような状態でもう1つのグループと競い合うことになった時に、それぞれの集団はどのような感情を共有し、どんな行動をとるのだろうか。

●敵チームの団旗が燃やされる

仲間意識をはぐくんでいた各グループのメンバー同士は、しだいに相手グループへの敵対心をむき出しにするようになる。試合中に相手のメンバーにヤジを飛ばすだけでなく、相手を罵倒したり、夜中に相手チームの団旗を燃やし、またそれに報復するという過激な事態に発展したのだ。

また、キャンプの1週間目にはあまりメンバーから好かれていなかった乱暴な少年がヒーローのように扱われるようにもなった。

相手グループへの敵対心が高まれば高まるほど、自分のグループに対する仲間意識は強固なものになっていったのだ。

このようなグループの対立をシェリフらは集団間葛藤と呼び、この葛藤を解消するために3週間目には、2つのグループのメンバー全員で協力して行わなければならないような子供にとってはかなりハードな課題を出した。

それは溝にはまったトラックを救出したり、水道を直したりするというもので、これが成功しなければ水や食料の確保もできなくなってしまうのだ。

このような共通の目標ができると少年らはお互いに協力し合い、それまでの険悪なムードが一変した。最後は、友好的な関係になってキャンプを終えることができたのだ。

自分が所属している内集団と、それ以外の外集団を強く意識することで葛藤はますます強さを増す。世界の中で起きている葛藤も、自分が属する集団を意識するがゆえに高まっているのかもしれない。

Chapter 6

人をコントロールできるようになる——

他人の心をあやつる心理実験

言葉ひとつで他人の記憶を変えられる？

ロフタスとパーマーの実験

●曖昧な人間の記憶

20年ぶりの同窓会。大好きだった初恋の相手も参加するとあって胸をときめかせて出かけて行ったが、いざ会ってみたら「こんな感じだったっけ？」と、なんとなくがっかり……。

こんな経験はよくあることだが、がっかりの原因は簡単だ。いい思い出は時間の経過とともに美化されるものである。

忘れてしまいたいことはすっかり抜け落ち、楽しかったエッセンスだけが心に残る。今どきの言葉でいえば「思い出補正」というやつだ。

人間の記憶がじつに曖昧であることは、数々の心理実験でも証明されているが、初恋の相手との淡い思い出程度のことであれば、誰に迷惑がかかるわけでもなし、いくら曖昧でもかまわないだろう。

だが、これが事件や事故の証言となると話は変わってくる。

映画やドラマでは、有能な法律家の誘導にのって供述や証言がブレるというシーンをよく見る。つまり、記憶は「言葉」によって簡単に書き換えられてしまうものなのだ。

●言葉の誘導で記憶が書き換えられる

アメリカの心理学者であるロフタスは、パーマーとともに記憶に関する次のような実験を行っている。

まず、被験者に自動車事故の動画を見せ、その後、動画について質問する。

ある被験者には、「車が激突した時、どのくらいのスピードで走っていたと思いますか？」とたずねる。

そして、別の被験者には「車がぶつかった時、どのくらいのスピードで走っていたと思いますか？」とたずねる。

両者の違いは「激突（smash）」と「ぶつかる（hit）」という表現の違いだが、結果は「激突」という言葉を用いて質問された人のほうがよりスピードが出ていたと回答した。

1週間後、再び同じ被験者を集め、今度は動画を使わず「車の窓ガラスが割れたのを見ましたか?」と質問してみる。

すると、「ぶつかる」との表現で最初に質問されたグループでは「割れていた」と答えた人の割合が13パーセントだったのに対し、「激突」という表現で質問されたグループでは32パーセントと倍以上の人が「割れていた」と答えた。

実際の動画では、窓ガラスは割れていなかった。それでも、「激突」や「ぶつかる」という言葉から一部の人の記憶は変容し、特に「激突」という言葉にはスピードの速い車で事故を起こし、衝突時に窓ガラスが割れるなど、実際の事故よりも大きな被害をもたらしたかのようなイメージに書き換える影響力があったことがわかったのだ。

●ショッピングモールの迷子

ところで、心理学者のロフタスはほかにも記憶に関するさまざまな実験を行っている。なかでも「ショッピングモールの迷子」と名づけられた実験はアメリカで大きな話題となった。

1990年代、アメリカでは心的外傷、いわゆる「トラウマ理論」が社会問題になっていた。

ことの発端は、「成人した女性が心の病気を抱えている多くの理由が、幼少期に父親から性的被害にあったトラウマによるものだ」といった内容の心理学本が出版されたことだ。

その本では、親から虐待にあったことを「誰にも言ってはならない」と記憶を封じ込められたことで心が傷ついているという心理がかかれており、この影響でアメリカ各地で子が親を訴えるという事案が相次いでいた。

この異常ともいえる事態にロフタスが待ったをかけ、記憶に関する実験を行った。

成人の被験者に対し、親や兄弟が「君が5歳の時、ショッピングモールで迷子になったことを覚えている？」と聞く。もちろんそんな事実はない。当然のことだが、被験者は「覚えていない」と答える。

だが、「ポロシャツ姿の親切なお年寄りが、お前を連れてきてくれたじゃないか」とか、「ほら、そのあと一緒にアイスクリームを食べたよ」などと、より具体的なエピソードで畳みかけられると、被験者は「そういわれてみれば、そんなこともあったかもしれない」と答えるようになる。

これは、自分ではまったく覚えていないのに、他の人が覚えているという心理的な矛盾を解決するために脳が無意識のうちに都合よく記憶を作り変えたことを示している。

これにより、ロフタスは記憶の埋め込みはあとからいくらでも操作できることを証明したのだ。

この「言語と記憶の相互作用」は、心理学の分野のみならず、特に人間の証言と関連が深い法律の分野でも注目されており、今もなお研究は続けられている。

つくられた記憶といえば、アーノルド・シュワルツェネッガーの主演で作られた『トータル・リコール』など、映画や小説の題材にもよくテーマとして描かれている。

人の記憶が本当に正しいかどうかなどは、当の本人にも断言できないということだ。

他人が持つモノを見ると人は〝ここまで〟態度が変わる？

ターナーらの実験

●モノから所有者を想像している

狭い駐車場に車を止めようとする時、隣に駐車している車が黒塗りの高級車だったとしたら急にハンドルを握る手が緊張してしまうものだ。

万一、ぶつけてしまった時の弁償代を考えるからという理由もあるが、それ以上に「この車に乗っているのは社長か、それとも……」と想像してしまうせいでもある。では、逆に古くて安そうな車だったらどうだろうか――。

このような他人の所有物に対する人間心理について調査したのが、ターナーらの実験である。

実験には2台の車を用意した。1台は高級セダンとして知られるクライスラーの新車、もう1台は使い込まれた中古の小型トラックだ。

ターナーらはこれらの自動車を運転し、実験に出た。そして、赤信号で止まった時に信号が変わってもわざと12秒間車をスタートさせずにいたら、後続車が何秒後にクラクションを鳴らすのかを調べたのだ。

●社会的に弱そうな相手には攻撃的になる

この場合のクラクションは、前を走る車に青信号を知らせる合図だが、時に運転手への抗議にも聞こえる。

すると、やはりクラクションを鳴らすまでに時間がかかったのはクライスラーのほうで平均8・5秒、一方で中古の小型トラックのほうは信号が変わってから平均で6・8秒後にクラクションが鳴らされた。

もちろん、どちらの車に対してもクラクションを鳴らさずに12秒間、前の車が走り出すのを待っていた後続車もあった。しかしその数は、クライスラーは18人だったのに対し、中古小型トラックのほうはわずか6人だったのだ。

多かれ少なかれ、人は他人の所有物を見て自分より社会的に強いか弱いかを判断している。そして、自分よりも弱いと判断すると強気に出ることがわかったのである。

自分と他人の〝適正な距離〟とは？

フィリップとソマーの実験

●いきなり見知らぬ人がそばに座ったら？

　図書館の大きなテーブルに１人で座って、熱心に勉強している女子大生がいる。そこへ、１人の人物がやってきて彼女のすぐ隣に座った。大きなテーブルのほかの席はすべて空いているのにもかかわらず、である。

　しかも、この人物は女子大生の知り合いでも友人でもない。さて、彼女はそれまでと変わらず勉強に集中することができるだろうか。

　これは、フィリップとソマーが実際にある図書館で行った実験で、見知らぬ人にすぐ近くに座られた女子大生がどのように反応するかを調査したものだ。

　その結果、それまで黙々と勉強していたように見えた女子大生は急に落ち着きを失い、30分もしないうちに70パーセントが席を立って行ってしまった。

何ごともなければ、ほとんどの女子大生が30分以上勉強を続けていたことと比べると、かなりの違いである。

突然の邪魔が入った女子大生は、座っていた間も体の向きを変えて少しでも距離をとろうとしたり、テーブルに肘をついて腕で頭を抱え込むなどした。

さらに、相手との間に本やカバンを置いてバリアを築こうとするなど、さまざまな抵抗を試みる。それでも、多くの女子大生が30分とそこに座っていることができなかったのだ。

この実験結果が示しているのは、人は誰もが自分のまわりに目には見えない心理的な縄張りを張っているということだ。

●他人には踏み込まれたくない領域がある

この心理的な縄張りのことを「パーソナル・スペース」といい、そこに人が入ってくると強い違和感や居心地の悪さを覚える。

行列に並んでいる時に、後ろの人が必要以上にくっついてくるのを不快に感じたりするのも、パーソナル・スペースが侵されていることへの違和感なのだ。

しかし、人口が密集している日本の都市部で暮らしていると、満員電車やエレベーターなどでアカの他人と接触する状況も多い。

そんなストレスを我々は「匿名性」という心理で乗り切っている。つまり、見知らぬ相手をただの〝モノ〟だと思うことで違和感を覆い隠しているのだ。

ところが、上司や知人と一緒に満員のエレベーターや電車に乗ってしまった場合には匿名性を利用できない。

だから、アカの他人と接近しているよりもさらに強い居心地の悪さを感じてしまうのだろう。

パーソナル・スペースは、自分の体から45センチメートル以内を「密接距離」、1・2メートル以内を「個体距離」、3・5メートル以内を「社会距離」、それ以上を「公共距離」とアメリカの文化人類学者エドワード・ホールが定義している。

つまり、恋人や親しい友人、親子などの親密な関係であればぴったりくっついていても不快さを感じないが、嫌いな相手や見知らぬ他人ならおよそ半径1メートル以内に入ってこられるだけで不快に感じるというわけだ。

そして、パーソナル・スペースは民族や生まれ育った社会文化、個人の性格、その人が持っている権威によってもその広さは異なってくることもわかっている。

うなずき方で他人をコントロールする会話術がある？

マタラッツォらの実験

●うなずきにはどんな効果があるのか

誰かの話を聞きながら、人は無意識に頭を上下に動かして「うん、うん」とうなずく。その時、口にはしていなくても、心の中では「わかる、わかる」とか「かまわないよ」など、「同調」や「許可」の気持ちが込められているものだ。

そんな言葉にしていない聞き手の気持ちを話し手はどれくらい感じ取っているのだろうか。それがわかるのが、うなずきの効果を調べたマタラッツォらの実験だ。

彼らが実験場所として選んだのは、アメリカのポートランド市で実際に行われた警察官と消防士の採用試験の面接会場だ。１人につき45分の面接時間を設定し、45分を３つのパートに分けた。

最初の15分間はごく自然に志願者の話を聞き、次の15分は面接官が熱心にうなずきながら話を聞く。そして、最後の15分間はまったくうなずくことなく志願者にしゃべらせる。こうすることで、志願者の発言時間にどれくらいの差が表れるかを調査したのだ。

その結果、志願者が最もよくしゃべったのが、面接官が熱心にうなずいた15分間だった。20人中17人が、この時間に発言を増やしたのだ。これは、聞き手がたくさんうなずくことで、話し手は自分が理解されていると感じていたからだ。逆に、面接官がまったくうなずかなかった15分間は、志願者の発言はグッと少なくなった。

●誰にでもある承認欲求

人間誰しも、他者から認められたいという「承認欲求」を持っている。人から認められていると感じた時にうれしくなり、うれしくなると自分のことをたくさん話したくなるのである。

だから、相手に気分よく話してほしい時には一生懸命にうなずくといい。すると、自然と自らのことを話し始めるはずだ。逆に、必要以上に饒舌《じょうぜつ》な相手にはうなずく回数を少なくすれば、話に興味がないことを暗に伝えることができるのだ。

頼みごとを断られにくくする方法とは？

フリードマンとフレイジャーの実験

●景観を損ねるような看板の設置を求められたら

たとえば、手入れの行き届いた家の庭先に、景観を損ねるような看板を立ててくださいと依頼するというミッションを与えられたらあなたならどうするだろうか。

このような、頼みにくい要望を第三者にしなくてはならなくなった時、どのように切り出せばＯＫの返事をもらえるか――。

そんな説得の心理について実験したのが、フリードマンとフレイジャーである。

彼らはアメリカのカリフォルニア州の住宅を直接訪問して、ヘタクソな字で『注意深く運転しよう』と書かれた看板を立ててくれないかとお願いする実験を行った。

案の定、いきなりそんなお願いをされても承諾する人はほとんどおらず、受け入れてくれた人は全体の16・7パーセントにとどまった。

次に彼らは、看板の設置をお願いする2週間前に『安全運転をしよう』と書かれたステッカーを配るという行動に出た。ステッカーは7・5センチ四方の小さなもので、これをマイカーのフロントガラスに貼ってほしいとお願いしたのだ。

すると、多くの人がステッカーを受け取った。そして、2週間後に例の看板の設置をお願いしたら、承諾をしてくれた人がじつに7割以上にアップしたのだ。

●人は、自分の一貫性を保ちたい

なぜ、看板の設置を受け入れてくれる人が増えたのだろうか。それは、2週間前に同じ趣旨のステッカーを受け取ってしまったことにある。

これくらいのお願いならいいかと承諾した時点で、その人は自分は〝意識の高い人間〟だという思いが芽生える。また、依頼してきた人物に対して、自分は安全運転への理解がある人だと認識されているだろうと感じるのだ。

なのに、看板を立てることを「ムリです」と断ってしまうと一貫性が保てなくなってしまうことになる。だから、NOと言えなくなってしまうのである。

このような説得方法は、ちょっと怪しげな勧誘や販売でも応用されている。引っかからないようにくれぐれも気をつけたいものだ。

あなたの判断は他人にどれだけあやつられているのか？

トベルスキーとカーネマンの実験

●飛行機事故の直後は電車やバスを使いたくなる

私たちは日々さまざまな判断をしながら生活している。何を食べようか、どこへ行こうか、何を買おうか、誰と話すかなど、判断をしない瞬間のほうが少ないといえるかもしれない。

その判断を大きく左右するのが、「ヒューリスティック」と呼ばれる心理メカニズムだ。人間には自分の記憶に残っていることだけを事実と思い込む性質がある。

また、思い出しやすいことはこれからも起こりやすいと考えたり、思い出しやすい事がらに依存して判断を下すという傾向もあり、これらはヒューリスティックの代表的な例となる。

わかりやすくいうと、大きな飛行機事故が起きると、その直後は飛行機の利用者が減るというデータがある。

しかし、大きな飛行機事故は世界中を見ても1年間で多くても数回しか起きない。一方で、死傷者を伴う自動車事故は毎日のように世界中で起きているし、電車の脱線事故なども起きている。そう考えれば、飛行機を利用した移動のほうがはるかに安全なはずだ。

ところが、飛行機事故のニュースの衝撃はそれを見た人々の心に強く残り、「飛行機は事故が起きるから怖い」ということだけを理由に飛行機での移動を避けようとする判断をしてしまうのである。

この矛盾した行動に目をつけて心理実験をしたのが、トベルスキーとカーネマンだ。彼らは、スタンフォード大学の学生に、アメリカにおける死因の確率を直観的に見積もりをしてもらった。

死因ごとにその平均を出してみると、学生たちは事故や事件などで死亡する確率を高く見積もり、病死などの自然死の確率を低く見積もる傾向があることがわかった。

これは、実際の死者数で考えれば自然死に比べて圧倒的に少ない殺人事件や事故のニュースが学生たちの記憶に強く残り、ヒューリスティックに頼った判断を下していることが表れたのだ。

このことからヒューリスティックとは、しばしば判断のゆがみをもたらす認知バイアスとなるということがわかる。

●差別や不公平を生む認知バイアス

前述したような、飛行機事故や殺人事件のニュースなどによるバイアスは、「利用可能性ヒューリスティック」から生じる利用可能性バイアスと呼ばれる。

ほかにも、少数のサンプルの性質から母集団を推し量ってしまう「代表性ヒューリスティック」によるバイアスがある。これは少数のイスラム教徒によるテロを見て、イスラム教徒全体をテロリストと考えるというような極端な思考を生みやすい。

また、好き嫌いという感情に左右される「感情ヒューリスティック」もある。誰かを好きになってしまうとその人の負の面には目がいきにくくなってリスクを低く見積もりがちになるうえ、嫌いな人のいい面を正当に評価することも難しくなる。

冷静で公平にいるつもりでも、人間の判断には無意識のうちにバイアスがかかっているものなのだ。大切なのは自分の判断だけを妄信せず、他者の判断や統計的な事実を受け入れる柔軟な姿勢なのである。

人の印象を決めている顔の〝ある部分〟ってどこ？

ヘスの実験

●本当の気持ちは瞳孔に表れる

大きさや形に関係なく、目を見るだけでその人のことを「やさしそうな人」と感じたり、「冷たくて厳しそうな人」などと感じることがある。

このような時、人は無意識に相手の目のある部分の大きさを感じている。それは、黒目の中心にある瞳孔だ。

瞳孔は明るい場所では小さく閉じて、暗い場所では大きく広がることがわかっているがそれだけではない。気持ちの変化によっても大きさはかなり違ってくるし、またその大きさの変化で他人に与える印象まで変わってしまうのだ。

それを実験で証明したのがヘスである。彼は、瞳孔が大きくなったり小さくなったりする際に、脳に何か変化が起きているのではないかと考えた。そして、人は強く興味を引かれるものを見た時に瞳孔が開くという事実にたどり着いたのだ。

たとえば、自分の好みのタイプの男性や女性が現れた時や、前から欲しいと思っていたものをプレゼントされたりすると、思わず目を見開いたりするものだが、この時に開いているのはまぶただけではない。瞳孔も大きく開いているのだ。

また、お腹が空いている時に食べ物の写真を見ると、やはり瞳孔が開くこともわかっている。

逆に、満腹の時にボリュームのある食べ物の写真を見た場合には瞳孔が閉じることもあるという。このように瞳の中心にある小さな孔は、かなり気持ちを饒舌に語っているのだ。

●大きな瞳孔は幸せのイメージ

さらに、瞳孔が開いた目は魅力的に見えることも実験からわかった。ヘスは同じ女性の顔写真を2枚用意し、20人の男性にそれぞれの写真から受ける女性の印象を聞くという実験を行ったのだ。

実験で使った顔写真は一見、同じに見えるのだが、じつは1枚は瞳孔が針孔《めど》のように小さく、もう1枚は大きく広がっているというわずかな違いがある。

すると、瞳孔が小さいほうの写真は「冷たい感じ」とか「性格がきつそう」という印象を受けた人が多く、瞳孔が開いているほうの写真の女性は「やさしそう」とか「かわいらしい」と感じた人が多いという結果になった。

つまり、同じ顔のつくりで同じ表情をしていても、瞳孔の大きさだけで人に与える印象はガラリと変わってしまうのである。

また別の実験では、瞳孔が大きく開いていると幸せそうに見えることもわかった。線で描いた「悲しい顔」と「楽しい顔」のイラストがあり、ここにさまざまな協力者に瞳孔を描き入れてもらったのだ。

すると大人も子供も、悲しい顔よりも楽しい顔のほうの瞳孔を大きく描くという結果が出た。

子供はもちろん、大人でもふだんから瞳孔の大きさを気にしている人などほとんどいないはずなのに、不思議なことに無意識のうちに大きな瞳孔は幸せのイメージと結びついていたのである。

●左右が別人の合成写真で実験

人が他人の顔を見ながら、無意識にさまざまな情報を読み取っていることはほかの実験でもわかっている。そのひとつがバートとペレットが行った「顔の左右印象実験」だ。

彼らは、右半分と左半分が別人の顔になっている合成写真を用意した。たとえば右半分が男性の顔で左半分が女性の顔といった組み合わせで写真を作成し、さらにそれを反転させたものをワンセットにして実験の参加者に見てもらったのだ。

そして、写真の2枚のうちどちらが女性らしく見えるかと聞いてみた。

その結果、どんな組み合わせの写真であっても、実験の参加者の66パーセントが左側に女性の顔が合成された写真を見て女性らしく見えると答えたのだ。

これはつまり、多くの人が写真の左半分に視線を集めているということである。見られているほうにとってはその逆の顔の右側というわけだ。

ちなみに、体の左側を動かす信号は右脳から出ていて、右側を動かす信号は左脳から出ているといわれている。そのため、感性にかかわる右脳につかさどられた顔の左側には本音が表れやすく、知性にかかわる左脳につかさどられている顔の右側はいわば〝よそいきの顔〟なのだという。

つまり、見た目の印象を左右する顔の右側の表情は意識的につくることも可能ということなのである。

大人と子供で考え方が驚くほど違う？

ピアジェの実験

●子供は小さな大人ではない

誰もが昔は子供だったのに、時間が経つと当時のことはきれいさっぱり忘れてしまうものだ。

「子供は小さな大人ではない」、こんな言葉を残したのは、スイスの有名な心理学者ピアジェである。

ピアジェはさまざまな実験によって、子供が大人とは異なる物のとらえ方や考え方をしており、さらに年を重ねていくことによってそれが段階的に変化する「認知発達理論」を提唱した。

たとえば子供に容器を2つ見せ、それぞれに同量の液体を入れる。その後、片方の液体を口は狭いが背の高い別の容器にそのまま移してみせた。

「さて、どちらのほうがたくさん入っているか」

この質問に、2歳～7歳の子供のほとんどが背の高い容器のほうを指した。この結果、ピアジェはこの年齢に「保存」という概念がないことを導き出したのだ。

また、これとは別に、同数のキャンディをテーブルに2列に並べ、片方の列はキャンディ同士の間隔をより大きくとって並べるという実験も試みた。

「どちらの列のほうがキャンディが多いか」という問いに正確に答えられるのは4歳6カ月以上だった。やはり、数の保存の概念は幼少期にはないということになる。

さらに、子供の目の前に積み木の山を2つ並べ、右の山の頂上に十字架を、左の山の頂上には樹木を置き、その積み木を挟んで子供と向かい合わせになるように人形を座らせた。

そして、人形から見た景色はどうなるかと聞くと、子供は「右に十字架の山」、「左に樹木の山」と答えた。

ある程度の年齢にならないと「反対側から見れば、山の位置は反対になるという想像ができない」。つまり、小さい子供は世界を自己中心的にしか見ることができない、と結論づけたのである。

●子供は4段階で発達する

こうした実験を重ねて発表されたピアジェの認知発達理論によれば、子供の考え方の発達は以下の4段階に分けられる。

・第1期「感覚運動期」（0〜2歳）……感覚と身体の活動を通し、自分が働きかけたものの結果で学習する
・第2期「前操作期」（2〜6・7歳）……可逆という概念がなく、自分の見たものに固執する
・第3期「具体的操作期」（7〜12歳）……見た目には惑わされなくなるが、自分の体験したものでなければイメージできない
・第4期「形式的操作期」（12歳以降）……目に見えている具体的なものだけでなく、それを超えて論理的かつ抽象的にも物ごとを思考できるようになる

もちろん、どんな子供にも個性があるので一概には言えない。だが、未発達の幼児に向かって「どうしてこんなこともわからないの？」などと嘆いたり怒ったりして、大人がストレスを溜めるのはあまり意味がないことだともいえるのだ。

学習効率を上げるためには邪魔が必要？

ツァイガルニクの実験

●やりかけは鮮明に覚えている

勉強や仕事の成果を上げるためには、１人静かに作業できる環境が必要というのが一般的な発想だ。

オフィスなどで作業していると、常に誰かから話しかけられたり、電話が鳴ったりという事態が起きる。これではたびたび作業が中断されてしまい、効率という点ではマイナス面しかないように思えてしまう。

しかし、まったく誰にも邪魔されない環境というのが必ずしもベストというわけではないのだ。

たとえば、途中で終わってしまった話がやけに気になるとか、読みかけの本の続きが気になってしかたがないとか、中途半端なところで終わったドラマの続きが気になるということに思い当たる人も多いはずだ。

これは「ツァイガルニク効果」と呼ばれる心理で、旧ソビエト連邦の心理学者ツァイガルニクの実験によって実証されている。ツァイガルニクは164人の被験者に簡単な課題を与えたうえで、半分のケースでは被験者が課題を終える前に実験を中止した。

その後、一定期間を置いてから調査すると、実験を中止したグループのほうが課題の内容を覚えている割合が高くなった。この実験によって導き出された結論として、人間は完遂して満足感を得た作業よりも、未完成のものをより鮮明に記憶する性質があることがわかる。

●一心不乱にやるより適度な中断が効率的

ドラマなどで、「どうなってしまうの?」というシーンでエピソードが終わり、続きを翌週に持ちこすような「クリフハンガー」と呼ばれる手法は、このツァイガルニク効果を狙った演出といえる。

あるいは、誰かと話している時に途中で邪魔が入り、話の続きができなかった時などは、その内容が気になってしかたがないというのもツァイガルニク効果によるものなのだ。

これを仕事や勉強に当てはめてみると、一心不乱に勉強や仕事に取り組むよりも、ある程度の息抜きや不意の中断があるほうが、その後の学習効果や作業効率を上げる可能性に気づくことができる。

つまり、静かな自宅で黙々と作業している時でも、意識的に中断して息抜きをしたほうが結果的に効率を上げることになるのだ。

ついつい集中しすぎるという自覚がある人は、自宅ではなく他人のいるカフェや図書館、人が少ない時間のオフィスのほうが上手に中断できるはずだ。

中断ばかりでは本末転倒になってしまうが、うまくスケジュールをコントロールすることで、気分転換もできるうえに効率も上がるとなれば試してみない手はないだろう。

〈た〉

〈な〉

〈は〉

本当は怖い59の心理実験・キーワードさくいん

○主な参考文献

『徹底図解 社会心理学』（山岸俊男監修／新星出版社）、『パブロフの犬―実験でたどる心理学の歴史』（アダム・ハート＝デイヴィス著、山崎正浩訳／創元社）、『実験心理学―なぜ心理学者は人の心がわかるのか？―』（齋藤勇／ナツメ社）、『ココロの不思議を解く心理実験室』（渋谷昌三／河出書房新社）、『不合理 誰もがまぬがれない思考の罠100』（スチュアート・サザーランド著、伊藤和子、杉浦茂樹訳／阪急コミュニケーションズ）、『結婚生活を成功させる七つの原則』（ジョン・M・ゴットマン、ナン・シルバー著／松浦秀明訳／第三文明社）、『ファスト＆スロー あなたの意思はどのように決まるか？ 上・下』（ダニエル・カーネマン著、村井章子訳／早川書房）、『徹底図解 心理学』（青木紀久代、神宮英夫編著／新星出版社）、『決定版 面白いほどよくわかる！ 心理学 オールカラー』（渋谷昌三／西東社）、『心理学を変えた40の研究――心理学の〝常識〟はこうして生まれた』（ロジャー・R・ホック著、梶川達也監訳／ピアソン・エデュケーション）、『依頼と説得の心理学――人は他者にどう影響を与えるか――』（今井芳昭／サイエンス社）、ほか

○ホームページ

日経ビジネススクール、働き方改革研究所、日経新聞、AFPBBニュース、ダイヤモンドオンライン、マイナビニュース、東洋経済オンライン、ほか

青春文庫

本当《ほんとう》は怖《こわ》い
59の心理《しんり》実験《じっけん》

2017年9月20日　第1刷

編　者　おもしろ心理学会《しんりがっかい》

発行者　小澤源太郎

責任編集　株式会社プライム涌光

発行所　株式会社青春出版社

〒162-0056　東京都新宿区若松町12-1
電話 03-3203-2850（編集部）
03-3207-1916（営業部）
振替番号　00190-7-98602

印刷／中央精版印刷
製本／フォーネット社

ISBN 978-4-413-09679-9

想いがつのる日本の古典!
妖しい愛の物語
三輪山の蛇神、葛の葉、
黒姫と黒龍、立烏帽子…
神々や妖異が人と縁を結んだ異類婚姻譚!
古典の謎研究会[編]
(SE-668)

自分の中に孤独を抱け
ひとりでもいい──
弱いままなら弱いまま
誇らかに生きる
岡本太郎
(SE-669)

〝ややこしい〟をスッキリさせる
幕末と明治維新 10のツボ
夢、怒り、欲望…が渦巻く
混沌の時代を、ていねいに解きほぐす、
大人のための超入門!
歴史の謎研究会[編]
(SE-670)

日本人の9割が答えられない
理系の大疑問100
電卓はなぜ計算間違いをしないのか?
「何万光年」離れた星の距離がどうして
わかるのか? 納得の「理系雑学」決定版!
話題の達人倶楽部[編]
(SE-671)

ほんとうのあなたに出逢う　青春文庫

日本人の9割が答えられない世界地図の大疑問100

「自由の女神」はニューヨークに立っていないってホント？

地図を見るのが楽しくなる
ニュースのウラ側がわかる
世界が広がる「地図雑学」の決定版!!

話題の達人倶楽部［編］

(SE-676)

失われた日本史

迷宮入りした53の謎

時代の転換点に消えた「真実」に迫る。
応仁の乱・関ヶ原の戦い・征韓論…
読みだすととまらない歴史推理の旅！

歴史の謎研究会［編］

(SE-677)

語彙力も品も高まる一発変換「美しい日本語」の練習帳

いつもの言葉が、たちまち知的に早変わり！

口にして品よく、書き起こせば見目麗しく、
耳に心地よく響いて…。そんな「美しい
日本語」を使いこなしてみませんか？

知的生活研究所

(SE-678)

本当は怖い59の心理実験

黙っていても本性は隠し切れない！
スタンフォードの監獄実験……ほか
読むと目が離せなくなる人間のウラのウラ

おもしろ心理学会［編］

(SE-679)